社会学理论视野中的现代体育探析与创新发展

李佳翰 ◎著

图书在版编目 (CIP) 数据

社会学理论视野中的现代体育探析与创新发展 / 李佳翰著 . -- 北京 : 中国书籍出版社 , 2024.7. -- ISBN 978-7-5068-9945-1

Ⅰ.G80–051

中国国家版本馆 CIP 数据核字第 2024YN5943 号

社会学理论视野中的现代体育探析与创新发展

李佳翰　著

丛书策划	谭　鹏　武　斌
责任编辑	吴化强
责任印制	孙马飞　马　芝
封面设计	博健文化
出版发行	中国书籍出版社
地　　址	北京市丰台区三路居路 97 号 (邮编：100073)
电　　话	（010）52257143（总编室）　（010）52257140（发行部）
电子邮箱	eo@chinabp.com.cn
经　　销	全国新华书店
印　　厂	三河市德贤弘印务有限公司
开　　本	710 毫米 × 1000 毫米　1/16
字　　数	251 千字
印　　张	15.25
版　　次	2025 年 1 月第 1 版
印　　次	2025 年 1 月第 1 次印刷
书　　号	ISBN 978-7-5068-9945-1
定　　价	95.00 元

版权所有　翻印必究

目 录

第一章 体育社会学概论与发展 …………………………………… 1
 第一节 体育社会学的兴起与发展 ………………………………… 2
 第二节 体育社会学的概念与性质 ………………………………… 5
 第三节 体育社会学的地位与作用 ………………………………… 6
 第四节 体育社会学的特点与功能 ………………………………… 9
 第五节 我国体育社会学的发展动态与策略 …………………… 16
 第六节 国外体育社会学的发展动态与策略 …………………… 22

第二章 体育社会学研究 ……………………………………………… 29
 第一节 体育社会学的研究对象与领域 ………………………… 30
 第二节 体育社会学研究方法论 ………………………………… 40
 第三节 体育社会学研究程序 …………………………………… 48
 第四节 体育社会学研究者的素质 ……………………………… 60
 第五节 中国体育社会学研究的热点变迁 ……………………… 65
 第六节 国外体育社会学研究的热点概览 ……………………… 70

第三章 多元社会学理论对体育的阐释 …………………………… 75
 第一节 体育的社会学特征与社会化功能 ……………………… 76
 第二节 结构功能主义与体育 …………………………………… 80
 第三节 互动理论与体育 ………………………………………… 88
 第四节 冲突理论与体育 ………………………………………… 91
 第五节 布迪厄的体育观 ………………………………………… 100

第四章　不同体育类型的社会学分析与创新发展……… 103
第一节　竞技体育的社会学分析与创新发展……… 104
第二节　社会体育的社会学分析与创新发展……… 112
第三节　学校体育的社会学分析与创新发展……… 125
第四节　乡村体育的社会学分析与创新发展……… 129

第五章　现代体育与社会现象的交叉渗透及其发展策略……… 137
第一节　现代体育与经济……… 138
第二节　现代体育与文化……… 149
第三节　现代体育与教育……… 153
第四节　现代体育与传媒……… 160
第五节　现代体育与政治……… 165
第六节　现代体育与体育群体……… 168

第六章　全球化与现代体育的发展……… 180
第一节　全球化释义……… 181
第二节　全球化时代的体育……… 183
第三节　体育的全球化发展进程与表现……… 187
第四节　体育全球化与文化认同……… 193
第五节　全球化语境下中国体育事业的发展路径……… 197

第七章　现代体育社会问题与应对研究……… 200
第一节　体育社会问题概述……… 201
第二节　常见体育社会问题与积极应对……… 211
第三节　社会转型期我国体育法治问题与治理……… 222
第四节　现代体育社会控制……… 229

参考文献……… 234

第一章
体育社会学概论与发展

  体育社会学是一门介于体育科学和社会学之间的综合性学科，它运用社会学的理论和方法来研究体育与其他社会现象之间的相互关系，以及体育运动的结构、功能、发展动力和制约因素。体育社会学是社会学的分支学科，也是体育科学中的一门基础学科。本章将从体育社会学的兴起与发展、体育社会学的概念与性质、体育社会学的地位与作用、体育社会学的特点与功能，以及国内外体育社会学的发展动态与策略几个方面展开阐述。

第一节　体育社会学的兴起与发展

一、体育社会学的产生

（一）最早的体育文化记载

体育的产生大概要追溯到原始社会时期，通过许多出土文物以及历史文化遗迹可以推断出，原始人已经有与今天类似的体育活动，更为宝贵的是，人类的祖先还以象形文字或者图画等方式将这些活动记载了下来。比如古因纽特人留下的岩画，以及我国商代出现的甲骨文中都有生动的记载。

（二）公元前的奥林匹克运动

早期人类社会的发展和进步是以对自然界的适应为主要依据的，随着人类适应能力的增强、生产力水平的提高，以及生存范围的不断扩大，人类从挣扎在生存边界转向对生活有了更高的追求。这些追求包括精神追求、文化追求和娱乐追求。据史料记载，公元前776年在地中海沿岸的古希腊就开始制度化地举行体育竞赛活动，这就是奥林匹克运动的前身。当时的体育活动与宗教、政治、经济和文化活动等具有紧密的内在联系，正是因为这个原因，体育活动从产生之初就被人类以各种形式记载了下来。

（三）独立体育组织的出现

随着历史和文明的发展，体育又被纳入教育的范畴，成为学校教育的一部分，这使体育的发展方向、功能和意义得到进一步明确和规范。

譬如,体育运动的规则被细化,体育运动的类型更加丰富。同时更为重要的是,社会上开始出现一些专门从事某项体育运动的组织,这是体育自诞生以来,在社会文化系统中逐步形成独立体系的重要标志。

(四)体育的政治、经济地位凸显

随着工业革命的开展,社会生产力实现了飞跃式的提高,于是,人们有了更多的闲暇时间,这为体育运动的发展创造了机会。体育作为文化、教育、休闲娱乐的一部分,逐渐成为人们社会生活中的重要内容。在工业革命之后,体育运动在世界范围内迎来了全面的发展。尤其是竞技体育在社会中的地位日渐凸显,逐渐成为国际社会政治交流、经济发展的重要支点,为体育社会学的发展奠定了基础。

二、体育社会学的发展

(一)萌芽阶段

早在19世纪末,随着社会学的建立,就有一些欧美的社会学家转向有关体育问题的研究,如斯宾塞探讨过体育的教育问题,马克斯·韦伯也曾论述过清教徒对体育运动的兴趣。在这一时期出现的有关体育社会学的著作和文献包括:1898年美国学者杰布林和阿米里肯发表论文《芝加哥的市立运动场》和《小型运动场的运动》;1899年韦伯廉发表的文章《闲暇阶级的理论》;1910年德国学者斯坦尼泽发表的《体育运动与文化》;1914年美国学者泽尔发表的《娱乐社会学》一书;1918年美国学者卢斯发表的《作为社会问题的成人娱乐》;等等。这些著作反映出,当时体育社会学已经逐渐成形,它最初关注的问题主要集中在运动场、游乐场和娱乐场等问题。

(二)成为独立的学科

1921年法国社会学家里塞出版了《体育运动社会学》,1937年美国社会学家罗德出版了《体育社会学》,这是人类有史以来第一本以学科命名的体育社会学专著。这标志着体育社会学作为一个专门的学科出现了。从此,体育社会学开始从一个专门学科角度来研究体育的相关问题和现象。

(三)科技与经济发展带来的推动力

新科技的发展使得战后的世界经济获得巨大的发展,人们物质生活水平的提高也推动了体育社会学的不断发展。

1. 提供了更多的研究工具和手段

随着科技的进步,体育社会学研究者可以借助更多的研究工具和手段,如大数据技术、云计算、人工智能等技术可以更好地收集、处理和分析数据,提高研究的准确性和效率。

2. 促进了跨学科的研究合作

科技与经济的发展使得不同学科之间的交叉和融合更加普遍,体育社会学的研究者可以与其他学科的研究者进行更多的合作,如计算机科学、经济学、心理学等,这些合作可以带来新的研究思路和方法,推动体育社会学的发展。

3. 提供了更多的实践应用机会

随着经济的发展,体育产业逐渐成为国民经济的重要组成部分,体育社会学的研究成果可以为体育产业的发展提供指导和支持。例如,体育社会学的研究者可以通过研究市场需求、消费行为等,为体育产业的规划和发展提供有益的建议。

4. 促进了学术交流和知识传播

科技与经济的发展为体育社会学的学术交流和知识传播提供了更多的渠道和平台。例如,互联网、社交媒体等新媒体的出现,使得研究者可以更加方便地分享研究成果、交流学术观点,推动学术研究的进步。

5. 提高了研究的国际化程度

随着经济全球化的加速,体育社会学的研究也日益国际化。研究者可以参与国际学术交流、合作研究等活动,与国际同行进行深入交流和合作,提高研究的国际化程度。

第二节 体育社会学的概念与性质

一、体育社会学的含义

当今学界对体育社会学的含义还没有达成共识,但可以综合各家的相同与不同的观点,得出以下结论:体育社会学研究体育与其他社会现象之间的相互关系,以及体育与人的社会行为、社会观念的关系。它旨在深入探讨体育运动的结构、功能、发展动力和制约因素,以推动体育和社会合理发展。它运用社会学的理论成果和实证的研究方法来解释体育现象,是社会学领域中的一门应用社会学。

体育社会学并不是社会学和体育科学的简单重叠,它有自己独立的学科体系和研究视角。相比其他学科,体育社会学更具体、更有针对性,并且具有更加广泛的运用性。

二、体育社会学的性质

体育社会学是一门综合性学科,既有社会学的属性,又有体育学的特点,对当前体育运动的社会发展具有重要的研究、解释的价值。体育社会学采用社会学的理论成果和研究方法对体育学进行研究,对体育现象进行解释。

体育社会学具有较强的应用色彩,从社会发展的角度对体育的特征、功能、手段、途径等进行深入的剖析。因此,通过体育社会学的研究,增强了体育运动的社会理论维度,为竞技体育、体育教学、体育经济、体育文化,以及体育的传播做好了理论准备,其研究成果对体育的发展有重要的指引作用。

尽管体育社会学沿用了社会学的许多研究思想和研究方法,但是和社会学相比,体育社会学具有更强的针对性和应用性。比如,它有自己独立的学科体系和研究角度,对体育经济、体育教育、体育文化交流等都有具体而深入的研究成果,并且在实践中得到很好的验证。也正因为如此,体育社会学是当今社会较为热点的学科之一。

第三节 体育社会学的地位与作用

一、体育社会学的地位

在体育科学体系中,体育社会学属于人文社会科学,与政治经济学、哲学、社会学、法学等基础学科处于同一层次。因此体育社会学在体育学科体系中占据重要的地位,它是连接体育科学和社会学的桥梁,也是推动体育和社会合理发展的关键学科之一。

随着社会的不断发展和进步,体育事业在社会生活中的地位和作用越来越重要。体育社会学的研究范围不断扩大,涉及的领域也越来越广泛,如体育产业、体育文化、体育参与、体育政策等。因此,体育社会学在整个社会科学体系中的地位也在不断提升。

在学术研究方面,体育社会学为深入探究体育的本质、功能、发展规律以及与社会的关系提供了重要的理论和方法。它不仅有助于推动体育科学的进步,还可以为政府制定体育相关政策和法规提供科学依据。此外,体育社会学的研究成果还可以为全民健身、竞技体育、体育产业等领域的发展提供理论支持和实践指导。

随着社会的不断发展和进步,体育社会学的研究范围和领域也在不断扩大和深化,其在整个社会科学体系中的地位也在不断提升。

二、体育社会学的作用

(一)推进体育体制和运行机制的改革

体育社会学对于推进体育体制和运行机制的改革具有重要意义。

首先,体育社会学的研究有助于深入了解体育体制和运行机制的现状和问题。通过运用社会学的理论和方法,体育社会学可以从社会学的角度对体育体制和运行机制进行深入分析,探究其内在的社会关系、社会功能、社会结构和社会过程。这有助于揭示现行体制和机制中存在的问题和矛盾,为改革提供理论支持和实践指导。

其次,体育社会学的研究可以为体育体制和运行机制的改革提供思路和建议。体育社会学不仅关注体育体制和运行机制的内部因素,还关注其与外部社会现象的关系,如政治、经济、教育、科技、文化等。通过对这些关系的深入研究,可以为体育体制和运行机制的改革提供新的思路和方向,推动体育事业与社会和谐发展。

最后,体育社会学的研究还可以为体育体制改革提供实证依据。通过运用社会学的研究方法,如访谈法、问卷法、观察法、个案法等,体育社会学可以对体育体制和运行机制的改革进行实证研究,探究改革前后的变化、改革的效果和影响。这可以为进一步优化体育体制和运行机制提供实践经验和实践依据。

(二)为政府规划体育发展战略目标提供参考依据

(1)体育社会学的研究方法也可以为政府制定体育发展战略提供参考。通过实证研究,如问卷调查、实地观察、深度访谈等,可以收集大量的数据和信息,为制定科学、合理的发展战略提供支持。

(2)体育社会学还可以为政府制定体育发展战略提供国际视野。通过比较和研究不同国家和地区的体育发展模式和经验,可以借鉴其成功之处,避免其失败之处,为制定更加科学、合理的发展战略提供参考。

(三)为政府制定政策和法规

(1)体育社会学对体育现象的深入研究和理解,有助于政府更好地把握体育领域的现状和问题,为制定有针对性的政策提供依据。例如,体育社会学对体育参与的研究,可以帮助政府了解群众的体育需求和参与情况,从而制定更符合实际情况的政策。

(2)体育社会学关注体育与社会的关系,可以为政府制定体育政策时提供更全面的视角。例如,在制定促进青少年体育参与的政策时,体育社会学可以提供关于青少年体育参与现状、影响因素和潜在问题的研究成果,帮助政策制定者制定更有针对性的政策。

(3)体育社会学的研究方法可以为政策制定提供科学依据。实证研究是体育社会学的重要研究方法,如通过问卷调查、实地观察、深度访谈等收集数据和信息,可以为政策制定提供科学依据。这些数据和信息可以帮助政府了解实际情况,避免决策失误,提高政策的有效性。

(4)体育社会学还可以为政府制定国际化的体育政策提供参考。同时,体育社会学还能揭示民众对体育活动的需求与期望,帮助政府更好地理解公众体育偏好,从而制定出更加符合国情的体育政策。

(四)促进体育事业的健康发展

体育社会学促进体育事业的健康发展体现在以下几个方面。

(1)体育社会学为体育事业的发展提供理论支持。体育社会学研究体育与社会的关系,深入探索体育的本质、功能、发展规律以及与社会各领域的相互关系。通过这些研究,可以更加科学地认识和理解体育事业的发展规律和趋势,为制定科学、合理的体育政策和发展战略提供理论依据。

(2)体育社会学有助于解决体育事业发展中的问题。随着社会的不断发展和进步,体育事业面临着诸多问题和挑战,如体育资源分配不均、体育参与不足、竞技体育管理体制不完善等。体育社会学通过实证研究和深入分析,探究这些问题产生的原因和机制,提出相应的解决方案和建议,为解决体育事业发展中的问题提供思路和方法。

(3)体育社会学推动体育文化的传播和发展。体育文化是人类文化遗产的重要组成部分,它包含了人类在体育运动和体育活动中创造出来的各种物质和精神财富。体育社会学对体育文化进行深入的研究和探讨,挖掘其内涵和价值,推动体育文化的传播和发展。通过传播和弘扬体育文化,可以增强人们的体育意识,促进群众体育参与,推动体育事业的健康发展。

总之,体育社会学对促进体育事业的健康发展具有重要作用。通过提供理论支持、解决发展问题和推动文化传播,体育社会学为推动体育事业的持续发展做出重要贡献。

第四节 体育社会学的特点与功能

一、体育社会学的特点

(一)整体性

1. 跨学科性

体育社会学是介于体育科学和社会学之间的一门综合性学科,它涉及多个学科领域,如社会学、体育学、心理学、文化研究等。这种跨学科的研究视角使得体育社会学能够更全面地理解和研究体育运动这一社会现象。

2. 社会背景关联性

体育社会学强调体育运动与社会背景的相互关联。它研究体育运动在特定社会背景下的功能、意义和价值,以及体育运动对社会的影响和作用。这种关联性的研究有助于深入理解体育运动的本质和社会功能。

3. 动态发展

体育社会学研究的是一个不断变化发展的领域。体育运动是随着社会的发展而不断演变的,而体育社会学则关注这种动态的发展过程,研究其背后的社会原因、发展趋势和影响。这种动态的研究视角使得体育社会学能够及时反映体育运动的最新发展动态。

4. 实践导向

体育社会学的目标是解决实际问题和推动实践发展。它关注体育运动中存在的社会问题,如公平、参与、认同、文化差异等,并寻求通过理论研究和实证分析来提出解决方案。这种实践导向的特点使得体育社会学的研究具有实际应用的价值。

5. 全球视野

随着全球化和信息化的发展,体育运动已经超越国界,成为一种全球性的文化现象。体育社会学的研究也具有全球视野,关注国际范围内的体育发展动态、跨文化比较研究以及全球范围内的体育问题。这种全球化的研究视角使得体育社会学能够更全面地理解体育运动的全貌。

(二)现实性

1. 关注现实问题

体育社会学的研究紧密联系现实生活中的体育问题,这些问题可能涉及社会公正、文化冲突、健康状况等。通过研究这些问题,体育社会学为解决现实问题提供了理论依据和实践指导。

2. 强调应用价值

体育社会学的现实性特点还表现在它强调研究的应用价值。研究结果不仅停留在理论层面,而是能够指导实践,解决实际问题。这种应用价值使得体育社会学更具现实意义。

3. 政策影响

体育社会学的研究结果往往能够对相关政策的制定和实施产生影响。通过对体育领域的深入研究和实证分析,体育社会学能够为政策制定者提供有价值的参考,推动相关政策的完善和改进。

4. 反映社会变迁

随着社会的不断发展和变迁,体育社会学也在不断更新其研究内容和重点。通过研究体育运动和社会变迁的关系,体育社会学能够更好地理解和预测未来的发展趋势,为应对社会变迁提供理论支持。

5. 跨领域合作

体育社会学的现实性特点还表现在跨领域的合作上。它与其他学科,如心理学、经济学、地理学等进行合作研究,以更全面地理解和解决现实问题。这种跨领域的合作能够产生更丰富的研究成果,为解决现实问题提供更多思路和方法。

(三)综合性

1. 学科交叉性

体育社会学包含体育科学和社会学两个学科,这种学科交叉性使得体育社会学能够综合运用不同学科的理论和方法,更全面地理解和研究体育运动这一社会现象。

2. 研究视角多样性

体育社会学的研究视角多样,既可以从宏观角度研究体育事业的发展战略和规划,也可以从微观角度研究个体参与体育运动的动机和体验。这种多样性使得体育社会学能够从不同层面和角度研究体育运动,更全面地揭示其社会本质和影响。

3. 理论方法的整合性

体育社会学在研究过程中整合了多种理论和方法,不仅包括社会学的理论和方法,也包括体育学的理论和方法。这种整合性要求研究者具备跨学科的知识和技能,能够灵活运用不同的理论和方法来解决问题。

4. 跨文化比较研究

体育社会学的研究经常需要进行跨文化比较,以揭示不同文化背景下的体育运动特点和规律。这种比较研究有助于深入理解体育运动的共性和差异,以及文化因素对体育运动的影响。

5. 综合性分析框架

体育社会学在分析体育运动时,通常会采用综合性分析框架,将政治、经济、文化、教育等多个因素综合考虑。这种综合性分析框架有助于全面揭示体育运动与社会之间的相互关系和影响。

（四）动态性

1. 体育运动中的活动自由度

在体育教学中，学生不是静坐在教室里听老师讲课，而是在体育场馆中直接参与到各种体育活动中。这样，学生活动的自由度大大增加，也更容易受到外界因素的影响。

2. 心理活动的显露

在体育活动中，学生的心理活动，如学习态度、动机、注意力、情绪、自觉性、纪律性等都容易显露出来。这为教师提供了进行德育教育的机会。

3. 体育运动中的角色扮演

在体育运动中，参与者根据体育的需要担任某种角色，承担某种职责和义务，并按照各种社会道德准则来调节自己的行为。学生在进行体育活动的过程中也承担着一定的角色以及履行一定的责任和义务，这是一个特殊的社会角色学习或者个体社会化的过程。

二、体育社会学的功能

功能是指由事物本质所决定的事物所具有的特殊作用。体育社会学是人们认识体育社会复杂现象、解决体育社会问题、预测体育社会发展趋势并对体育社会加以改造的理论工具，其任务是拓展认识体育现象的视野、磨砺观察体育社会现象的技能，提高分析体育社会问题的能力。它的功能主要体现在以下四个方面。

第一章　体育社会学概论与发展

（一）描述功能

1. 描述体育现象的特征和规律

体育社会学通过对体育现象的深入研究和观察，能够准确、详细地描述体育现象的特征和规律，如运动员的社会化过程、体育赛事的组织和运作等。这种描述有助于人们更好地理解体育现象的本质和内在机制。

2. 描述社会对体育的影响

体育社会学关注社会对体育的影响，通过实证研究和深入分析，能够具体描述社会因素如何影响体育的发展和运行。例如，描述政治制度、经济条件、文化背景等如何影响体育政策、体育产业、体育文化等方面的发展。

3. 描述体育的社会功能和价值

体育社会学关注体育的社会功能和价值，通过对体育在社会发展中的作用的描述，能够让人们更好地认识到体育的价值和意义。例如，描述体育在促进身心健康、培养团队协作精神、传承文化遗产等方面的作用。

4. 描述体育与社会的关系

体育社会学通过描述体育与其他社会现象的关系，如政治、经济、教育等，能够揭示体育在社会中的地位和作用。这种描述有助于人们更好地理解体育与社会的关系，为推动体育事业的健康发展提供理论支持和实践指导。

5. 描述体育文化的内涵和演变

体育社会学对体育文化进行深入的研究和探讨，通过描述体育文化的内涵和演变，能够让人们更好地了解和认识体育文化的多样性和复杂性。这种描述有助于推动体育文化的传播和发展，增强人们的体育意识和文化自觉。

(二)解释功能

解释功能是指研究借助概念、范畴进行理论抽象,将描述研究得出的感性资料上升到理性认识,从而对体育社会现象的形成、发展及其过程做出科学的判断和解释。

体育社会学的解释功能主要体现在以下几个方面。

1. 解释体育现象

体育社会学运用社会学的理论和方法,对体育这一社会文化现象进行深入探究,揭示体育现象的本质、功能、发展规律以及与社会的关系。通过对体育现象的解释,可以更好地理解体育事业的运行机制和发展趋势。

2. 探究社会对体育的影响

体育社会学研究社会对体育的影响,包括社会结构、社会变迁、社会控制等对体育发展的制约和推动作用。通过这一研究,可以深入了解体育事业发展的外部环境和影响因素,为制定科学、合理的体育政策和发展战略提供依据。

3. 分析体育的社会功能

体育社会学关注体育的社会功能,包括基础功能、核心功能、扩展功能和衍生功能等。通过对这些功能的分析,可以深入了解体育在社会发展中的作用和价值,为发挥体育的积极作用提供理论支持和实践指导。

4. 揭示体育与社会的关系

体育社会学研究体育与其他社会现象之间的关系,通过这些研究,可以更好地把握体育在社会中的地位和作用,为政府制定相关政策和法规提供科学依据。

(三)预测功能

预测是在已知条件下对将来的社会事件或状态一致性的非概率性

预言或概率性判断。预测的性质取决于对规律的认识和把握,规律是有决定意义的。

1. 预测体育发展趋势

体育社会学通过对体育现象的深入研究和理解,可以预测体育事业的发展趋势。例如,随着社会经济的发展和人们生活水平的提高,大众体育参与的需求不断增加,体育产业将迎来更大的发展空间。体育社会学可以预测这一趋势,并为体育产业的可持续发展提供理论支持和实践指导。

2. 预测社会对体育的影响

体育社会学研究社会对体育的影响,通过分析社会变迁、社会政策等因素对体育发展的影响,可以预测未来社会对体育发展的制约和推动作用。例如,随着人口老龄化的加剧,老年人的健康需求将对体育事业产生新的影响,体育社会学可以预测这一趋势并为其应对提供思路。

3. 预测体育问题的发展

体育事业发展过程中会出现各种问题,如竞技体育资源分配不均、体育赛事中的道德问题等。体育社会学可以预测这些问题的发展趋势和影响,为制定有效的解决方案提供依据。例如,通过分析竞技体育资源分配不均的原因和机制,可以预测未来这一问题的发展趋势,为政府制定相关政策和措施提供参考。

4. 预测体育文化的演变

体育文化是随着社会的发展而不断演变的。体育社会学可以预测体育文化的演变趋势,挖掘新的文化元素和价值,推动体育文化的创新和发展。例如,随着科技的发展,虚拟现实技术等新兴科技在体育领域的应用将逐渐普及,体育社会学可以预测这一趋势并为体育文化的创新提供思路。

（四）规范功能

1. 建立行为准则

体育社会学通过研究体育行为和互动,为体育参与者提供行为准则,帮助他们在体育活动中遵守规则、尊重他人、维护公平正义。

2. 促进社会认同

体育社会学通过研究体育与社会的关系,促进人们对体育的认同感,增强体育参与者的归属感和凝聚力。

3. 培养道德观念

体育社会学通过研究体育中的道德问题,培养人们的道德观念和社会责任感。例如,在比赛中尊重对手、遵守规则、维护公平竞争等。

4. 促进国际交流与合作

体育社会学可以促进国际的体育交流与合作,增进不同国家和地区之间的了解和友谊,有助于推动全球化和跨文化交流。

第五节 我国体育社会学的发展动态与策略

我国体育社会学的发展历程可以追溯到 20 世纪体育运动发展的过程中,当时出现了体育现象扩大化与复杂化的趋势。在这一趋势下,体育社会学的产生成为必然结果。在我国,体育社会学得到了广泛关注,是社会体育专业的专业基础课。随着社会的不断发展,体育社会学所发挥的作用也越来越凸显,但与此同时这也是一个不断适应社会发展的过程。因此,其未来的发展方向、重点、策略等也是需要重视的问题。本节将主要针对我国体育社会学发展的动态和策略进行分析。

第一章　体育社会学概论与发展

一、我国体育社会学的发展动态

（一）引进恢复阶段（1978—1985）

体育社会学在我国建立较晚，这是多重历史、社会的原因造成的，其中比较重要的原因之一是，体育社会学的母学科社会学在很长一段时期内都是停滞的，与之相关的体育社会学的理论研究当然也受到影响。大约在20世纪70年代末，中国体育科学体系开始得以重建，从此推动了体育社会学的兴起和发展。

20世纪80年代后期，以及改革开放制度的推行，中国体育的格局发生了巨大变化，竞技体育迅速发展，社会体育也随着社会经济的建设得到飞速提升，于是对体育社会学的研究工作也热烈地开展起来，并形成稳定的发展态势。

（二）学科的组织加强阶段（1986—1989）

我国体育社会学的发展在早期曾积极向西方国家学习，其中得益于一批学者研究国外的学科发展进展，努力跟进当时国际上的前沿发展状态，并将大量的先进著作翻译引进国内，这对我国早期体育社会学的发展起到重要的加强作用。另外，这些学者还用体育社会学的理论解释各种体育现象，例如，对国外大众体育高潮形成原因和特点的分析，以及对我国群众体育社会制约因素的研究；对球迷骚乱社会原因的阐释；对我国体育训练体制弊端和改革的社会调查等。

总之，体育社会学从建立专门的学科，到引进国外的先进研究理念，以及以学科方法广泛研究各种社会现象，都为体育社会学的茁壮发展奠定了坚实的基础。

（三）中国体育社会学的独立发展阶段（1990—1996）

1989年后，先后有6本《体育社会学》教材和专著问世，他们分别是由刘德佩、徐隆瑞、吕树庭、黄捷荣、卢元镇和毛秀珠等人编写的。前期的著作虽然有的未脱体育史、体育概论的窠臼,有的仅是在社会学的基础上改写的,有的主要介绍了国外的材料,但毕竟标志着我国体育社会学开始了艰难的起步,20世纪70年代末开始的中国体育科学体系的重建也推动了体育社会学的兴起和发展。从20世纪50年代开始,中国的体育社会学科一直是以教育学为基础的,体育的概念也是进入20世纪60年代才逐渐扩展为广义的体育,不再是体育教育的同义语。进入20世纪80年代后,中国体育的格局发生了巨大变化,竞技体育和社会体育迅速崛起,并以较快的步伐进入社会,于是一部分过去从事体育理论教学的教师和体育管理人员转向体育社会学的研究,形成了一支逐渐壮大的队伍。

(四)中国体育社会学新时代阶段(1996—)

改革开放40多年的历程使我国社会得到全面的发展。2012年恰逢伦敦奥运会,因此大量的研究从奥运会的性质、改革实质、对举办国的影响、奥运媒介文化的传播、奥林匹克学的建设以及对后奥运时期正确处理群众体育与竞技体育发展的关系等方面进行阐述、剖析。[①]2013年9月,习近平提出"一带一路"框架后,给中国体育社会学学界提供了一个新的研究方向。尤其是2014年,国务院公布了《国务院关于加快发展体育产业促进体育消费的若干意见》,提出将全民健身上升为国家战略,把体育产业作为绿色产业、朝阳产业培育扶持后,涌现了大量有关"一带一路"和体育产业融合的文献和图书,这引起并推动了体育文化建设和传播的热烈开展。

简而言之,我国体育社会学发展在这一阶段的主要特征有如下几点:

(1)研究成果数量众多。
(2)体育人文社会学科体系建设基本完成。
(3)应用性研究成为主流。
(4)全民健身研究持续升温。
(5)体育产业研究内容不断拓展。

---

① 王越.体育人文社会学研究较有影响的论文分析[J].北京体育大学学报,2013,26(12):48-56.

第一章 体育社会学概论与发展

二、我国体育社会学的发展策略

为了进一步促进我国体育社会学的发展，需要提出一些切实可行的策略，以使体育社会学获得长久、稳定的发展。

（一）培养新一代的学科带头人

我国目前的体育社会学已经走到一个相对稳定的时期，这也就意味着要想获得突破，需要新生代的学科带头人来引领学科发展，即培养更多的年轻人才，构建高质量的学术团队。面对新时代的发展挑战，特别需要具有独立思想、学术视野开阔、综合知识结构扎实的年轻人才。尤其是中青年学者，更要给予重点培养和一定的扶持，以帮助他们迅速成长，成为新一代的学科带头人。

（二）加强学术组织的建设

1. 完善组织架构

建立完善的体育社会学学术组织架构，包括理事会、监事会、秘书处等部门，明确各部门职责，确保组织运作的顺畅。

2. 健全规章制度

制定完善的规章制度，包括会员管理、财务管理、学术活动管理等，确保组织的正常运作和会员的权益。

3. 加强会员管理

建立会员数据库，对会员进行分类管理，为会员提供优质的服务和支持。同时，积极发展新会员，扩大组织的影响力和覆盖面。

4. 组织学术活动

定期组织学术活动，包括研讨会、论坛、讲座等，为会员提供学术交流和学习的平台。同时，鼓励会员参与国内外学术交流活动，提高学术水平。

5. 开展研究工作

鼓励会员开展体育社会学相关研究工作,为体育事业的发展提供理论支持和实际应用。同时,与相关机构合作,共同开展研究工作,推动体育社会学的进步。

6. 加强宣传推广

通过多种渠道,如网站、社交媒体等,宣传推广体育社会学的学术成果和理念,提高公众对体育社会学的认知和理解。

7. 筹措资金支持

积极筹措资金支持,包括政府拨款、企业赞助、会员会费等,确保组织的正常运作和学术活动的开展。

8. 建立评估机制

建立科学的评估机制,对组织的各项工作进行评估和总结,及时发现问题并加以改进。同时,将评估结果向会员和公众公开,增强组织的透明度和公信力。

(三)构建中层理论建设路径

学界共识,中层理论建设是实现我国体育社会学本土化的重要途径,是学科理论体系建构的必由之路。对于体育社会学的学者们来说,尽快获得中层理论建设成果,是构建严密的体育社会学中层理论的当务之急,这样才能更好地发展中国体育社会学。

1. 明确中层理论的概念和特点

中层理论是指介于宏观理论和具体实证研究之间的理论,是指导实证研究的理论框架。在构建中层理论时,需要明确其特点,如适用范围、理论假设、概念框架等,以确保理论的有效性和可靠性。

2. 归纳和演绎理论建构

归纳和演绎是构建中层理论的两种基本方法。归纳方法是从具体现象中概括出一般规律,而演绎方法则是根据一般规律推导出具体现象。通过归纳和演绎的结合,可以构建出具有指导性和解释力的中层理论。

3. 打破学科边界

体育社会学作为一门跨学科的学科,需要打破学科边界,吸收和借鉴其他相关学科的理论和方法。通过与心理学、经济学、政治学等学科的交叉融合,可以丰富和发展体育社会学的中层理论建设。

4. 建立小组式的攻关研究

小组式的攻关研究是一种有效的中层理论建设途径。通过组建由不同领域专家组成的攻关小组,可以集中优势力量,针对某一专题进行深入研究,形成具有指导性和操作性的中层理论。

5. 完善中层理论建设的评估和反馈机制

构建中层理论不是一蹴而就的过程,需要不断完善和调整。因此,建立评估和反馈机制是必要的。通过评估和反馈,可以及时发现和修正中层理论中的问题,促进理论的持续改进和发展。

(四)建设多元立体的交叉学科体系

建设多元立体的交叉学科体系可从以下几个方面入手。

1. 跨学科合作与交流

鼓励不同学科之间的合作与交流,打破学科壁垒,促进学科交叉融合。可以通过组织学术会议、建立跨学科研究团队、开展跨学科项目等方式,促进不同学科之间的合作与交流。

2. 建立跨学科平台

建立跨学科平台,提供多学科资源共享和交流的场所,促进多学科协同创新。平台可以包括跨学科实验室、研究中心、图书馆等。

3. 跨学科课程与教学

开设跨学科课程,将不同学科的知识和技能融合在一起,培养学生的综合素质和创新能力。同时,可以采用跨学科的教学方法,如案例教学、项目式教学等,引导学生自主学习和合作学习。

4. 设立跨学科项目

设立跨学科项目,将不同学科的研究人员聚集在一起,共同开展研究工作。项目可以是大型的、长期的、复杂的课题,也可以是短期的、具体的、具有实际应用价值的问题。

5. 政策支持与资金投入

政府和社会应该加大对交叉学科的支持力度,提供政策支持和资金投入。例如,设立交叉学科研究基金、奖励交叉学科研究成果等。

6. 建立评价机制

建立科学的评价机制,对交叉学科的研究成果进行评价和推广。评价机制应该注重实际应用价值和创新性,鼓励交叉学科的研究人员开展具有实际意义和创新性的研究工作。

第六节　国外体育社会学的发展动态与策略

一、国外体育社会学的发展动态

(一)体育与科技发展

国外体育社会学研究在近年来呈现出一种与科技发展紧密相连的趋势。随着科技的日新月异,体育领域也受到了深远的影响,从训练方法、比赛形式到运动员的健康管理,科技都在不断推动体育的革新与发展。

1. 科技使训练更科学、更高效

国外对体育社会学的研究中,有关科技的内容越来越受到重视。科技在现代通过数据分析、生物力学研究以及虚拟现实技术,教练们可以更加精确地了解运动员的身体状况、技术特点以及训练需求,从而为他们制订更加个性化的训练计划。这不仅提高了训练效率,也有助于减少运动员的运动损伤。

2. 科技为体育带来更多可能性

例如,通过智能传感器、高速摄像机和计算机视觉技术,比赛过程中的各种数据可以被实时捕捉和分析,为观众提供更加丰富、多维度的观赛体验。同时,这些技术也使得比赛的公正性得到了更好的保障,减少了人为因素对比赛结果的影响。

3. 科技促进运动员的健康管理

通过基因测序、可穿戴设备以及远程医疗技术,运动员的身体状况可以得到实时监控和预警,使得运动员可以更加科学地管理自己的健康,延长运动生涯。

(二)性别与体育研究

国外体育社会学研究趋势中,性别与体育研究是一个备受关注的领域。随着女性在社会地位的提升和平等权益的争取,性别与体育之间的关系逐渐引起了学者们的广泛关注。以下是对这一研究趋势的深入探讨。

1. 关注女性在体育领域中的参与和地位

研究者们致力于揭示女性在体育中的参与率、角色定位以及所面临的挑战。他们分析女性运动员的职业发展路径、性别歧视问题以及女性体育管理和领导力的现状,旨在推动性别平等在体育领域的实现。

2. 关注性别对体育行为和态度的影响

研究者们探讨不同性别在参与体育活动时的动机、喜好和体验,以及性别角色对体育价值观和身份认同的塑造作用。这些研究有助于我们更深入地理解性别在体育中的作用,并为制定更具包容性和平等性的体育政策提供理论支持。

3. 涉及性别与体育媒体的关系

研究者们分析体育媒体如何呈现和塑造不同性别的形象,以及这些形象对公众认知和态度的影响。他们关注体育媒体中的性别刻板印象、性别偏见以及性别平等议题的报道,旨在促进体育媒体在性别问题上的客观性和公正性。另外,随着社会对性别多样性的认识和接纳程度的提高,研究者们也开始关注跨性别、无性别等群体在体育中的参与和体验。

(三)体育与国家认同

国外的体育社会学研究趋势中,有关体育与国家认同的关系日益受到重视。体育作为一种社会文化现象,具有独特的凝聚力和影响力,能够激发人们的民族自豪感和国家认同感。因此,探讨体育与国家认同之间的互动关系,对于理解体育在社会中的作用以及推动国家认同的建构具有重要意义。

1. 体育能够强化国家认同感

在各类国际体育赛事中,运动员代表着国家出战,他们的胜利和荣誉往往被视作国家的胜利和荣誉。这种国家荣誉感的传递和强化,使得体育成为塑造和巩固国家认同的重要工具。

2. 体育有助于培养国民的归属感和凝聚力

在共同参与体育活动的过程中,人们会形成共同的价值观、信仰和认同感,这种集体意识和团队精神对于构建国家认同至关重要。

3. 体育还可以塑造国家形象

通过在国际舞台上展示体育实力和文化魅力,能够很好地提升国家的国际形象和影响力,展示国家软实力,从而进一步增强国民的国家认同感。一个具有强烈国家认同感的民族,往往更加重视体育事业的发展,愿意投入更多的资源和精力来培养优秀的运动员和推动体育产业的繁荣。

(四)体育与种族问题

国外体育社会学研究在体育与种族问题的研究方面,一直是一个备受关注的议题。随着全球化的加速和多元文化的交融,种族问题在体育领域中的表现和影响愈发显著,因此吸引了大量学者进行深入探讨。

1. 关注种族在体育参与和成就方面的差异

学者们通过分析不同种族在体育运动中的参与率、竞技水平以及获奖情况,探讨种族因素对体育成就的影响。这些研究揭示了种族歧视、社会偏见以及资源分配不均等问题对体育领域中的种族差异的贡献,有助于我们更加全面地认识体育领域的种族问题。

2. 关注种族身份与体育认同的关系

在体育领域中,种族身份往往与特定的文化、传统和价值观相联系,这些因素共同塑造了运动员和观众的体育认同。学者们通过分析不同种族群体在体育中的自我认同和社会认同,探讨种族身份对体育行为和态度的影响。这些研究有助于我们理解种族身份在体育中的作用,以及如何通过体育促进不同种族之间的交流和融合。

3. 体育政策与种族平等

学者们关注体育政策在促进种族平等方面的作用,分析政策制定和实施过程中的种族偏见和歧视问题。他们提出通过改进体育政策,提高资源分配的公平性,加强反种族歧视的教育和培训等措施,来推动体育领域的种族平等和包容性。通过揭示体育领域中的种族问题和不平等现象,这些研究旨在唤起人们对种族问题的关注和思考,推动社会向着更加平等和包容的方向发展。

二、国外体育社会学的发展策略

国外体育社会学的发展策略主要围绕深化研究内容、拓宽研究领域、加强跨学科合作以及推动国际化交流等方面展开。

（一）深化体育社会学的研究内容

体育社会学研究应当更加深入地探讨社会结构、文化因素以及政策环境等多个维度对体育现象的影响，从而更全面地揭示体育与社会之间错综复杂的互动关系。社会结构作为体育发展的基础框架，决定了体育资源的分配和体育机会的获取，对体育运动的普及和竞技水平的高低具有深远影响。文化因素则塑造了体育活动的形式和内容，体现了不同社会群体对体育的认同和追求，影响着体育运动的风格和特色。政策环境作为体育发展的外部条件，通过制定和执行相关政策，引导和支持体育事业的发展，为体育运动的推广和改革提供有力保障。

在深入研究社会结构、文化因素和政策环境对体育现象影响的同时，体育社会学还需要加强对体育社会问题的深入探讨。种族问题、性别问题以及体育暴力等是体育领域中普遍存在的社会问题，对体育运动的公平性和健康发展构成了严峻挑战。通过深入研究这些问题的成因、影响和应对策略，体育社会学可以为解决这些问题提供理论支持和实践指导，推动体育事业的公平、和谐和可持续发展。

针对种族问题，体育社会学可以研究种族歧视在体育领域的表现形式和影响，提出促进种族平等和融合的体育政策和实践措施。针对性别问题，体育社会学可以关注女性在体育领域中的地位和权益，探讨性别平等在体育发展中的重要性和实现路径。针对体育暴力问题，体育社会学可以分析暴力事件的成因和后果，提出预防和应对体育暴力的有效策略。

第一章 体育社会学概论与发展

（二）拓宽体育社会学的研究领域

除了竞技体育和大众体育这两个传统的研究领域，体育社会学的研究视野应当进一步拓宽，涵盖更多新兴且重要的领域。休闲体育作为现代社会中人们追求身心健康、放松心情的重要方式，其研究价值不容忽视。通过深入研究休闲体育的参与模式、活动形式以及其对个体和社会的影响，我们能够更深入地理解体育在促进个体福祉和社会和谐方面的作用。

学校体育同样是体育社会学研究不可忽视的一环。学校体育不仅是培养学生体育技能和健康习惯的重要场所，更是塑造学生性格、促进团队合作和社会适应的关键环节。通过研究学校体育的教育理念、课程设置以及实施效果，我们可以为优化学校体育教育提供科学依据，推动青少年体育素养的全面提升。

残疾人体育也是近年来备受关注的研究领域。残疾人体育不仅体现了社会的包容性和人文关怀，更是残疾人实现自我价值、融入社会的重要途径。通过研究残疾人体育的参与情况、竞赛规则以及无障碍体育设施建设等问题，我们可以为残疾人创造更加公平、友好的体育环境，推动残疾人体育事业的健康发展。

这些新兴领域的研究不仅有助于我们更全面地了解体育在社会中的多元功能和价值，更能为制定科学的体育政策、优化体育资源配置提供有力的理论支撑和实践指导。因此，加强这些领域的研究对于推动体育社会学的深入发展和体育事业的全面进步具有重要意义。

（三）加强体育社会学的跨学科合作

体育社会学研究需要借鉴社会学、心理学、经济学、政治学等多个学科的理论和方法，形成综合性的研究视角。通过跨学科合作，可以丰富体育社会学的研究内容和方法，提高研究的深度和广度。跨学科合作不仅可以为体育社会学研究提供新的视角和方法，还可以促进不同学科之间的知识交流和共享，推动学术创新。

通过加强体育社会学与其他社会科学领域的合作，如与社会学、心理学、政治学等学科的合作，可以深入探讨体育现象背后的社会结构、文化因素和政治影响。这种合作有助于更全面地理解体育在社会中的作用和价值,揭示体育与社会之间的复杂关系。

跨学科合作还可以加强体育社会学与自然科学的联系。例如,与生物学、医学、运动科学等学科的合作,可以研究运动员的身体健康、运动损伤以及运动训练的科学方法等问题。这种合作有助于将体育社会学的研究成果应用于实践,提高运动员的训练效果和竞技水平。通过与国际上其他学科领域的专家学者进行合作和交流,可以引进先进的理论和方法,拓宽研究视野,提高研究水平。同时,还可以加强与国际体育组织的联系,参与国际性的体育社会学研究项目,推动体育社会学的国际化进程。

(四)推动国际化交流

随着全球化的步伐不断加快,体育现象已经超越了国界的限制,展现出跨国界的鲜明特征。在这一背景下,加强与国际体育社会学界的交流与合作,对于推动国内体育社会学的发展具有深远的意义。通过与国际同行们的紧密合作,我们可以引进先进的理论框架和研究方法,进一步丰富和深化国内体育社会学的研究内容。

参与国际会议是加强国际交流与合作的重要途径之一。这些会议汇聚了来自世界各地的体育社会学专家学者,他们共同探讨体育领域的热点问题,分享最新的研究成果。通过参与这些会议,我们可以及时了解国际体育社会学的前沿动态,与同行们展开深入的学术对话,从而拓宽研究视野,激发创新思维。

除了参与国际会议,开展国际合作项目也是加强国际交流与合作的有效方式。通过与国际合作伙伴共同开展研究项目,我们可以共同解决体育领域中的全球性问题,推动体育社会学的理论创新和实践应用。这种合作不仅可以促进研究成果的共享,还可以提升国内体育社会学的研究水平和国际影响力。

加强学术交流也是推动体育社会学研究国际化的重要手段。通过与国际同行们进行定期的学术交流和访问,我们可以互相学习、互相借鉴,共同推动体育社会学的发展。这种交流不仅有助于提升个人的学术素养和研究能力,还可以为国内体育社会学界注入新的活力和创新动力。

第二章
体育社会学研究

体育社会学分别是体育学和社会学的分支学科,因此具有综合学科的特点,对当前我国体育事业发展、体育现象解释、体育强国建设,以及未来的国家整体发展战略都具有不可忽视的意义和作用。本章将对体育社会学的研究对象与领域、体育社会学研究方法论、体育社会学研究程序、体育社会学研究者的素质,以及国内外体育社会学研究的热点变迁进行全面的研究。

第一节　体育社会学的研究对象与领域

一、体育社会学的研究对象

关于体育社会学的研究对象,众说纷纭,莫衷一是。其中,美国《社会学百科》认为:"体育社会学以体育运动作为一种社会制度,研究它的结构、内容、变革和发展。研究以体育运动为特点的社会行为、关系和作用,包括系统内的和其他系统的相互关系和作用。"这一观点目前得到最多的认同和接受。结合我国的国情发展,本书认为体育社会学的研究对象是体育这种社会文化现象。它运用社会学的理论视角,研究体育与其他社会现象之间的相互关系,以及体育运动的结构、功能、发展动力和制约因素。

更具体地,体育社会学研究体育运动中的人际关系,体育运动与社会的关系,以及大众体育和体育中的社会问题。这些研究内容旨在揭示体育运动中各种社会现象的本质和规律,为推动体育和社会合理发展提供理论依据。

因此,可以说体育社会学是把体育这种社会文化现象作为一个不断变化发展的整体来进行研究的,是社会学领域中的一门应用社会学。

综上所述,体育社会学的研究对象可以概括为以下几点:

第一,体育社会现象。

第二,作为一种社会制度的体育运动的内部结构及其运行规律。

第三,体育运动在社会中的地位和价值,及其与其他社会组成部分的关系。其学科目的在于促进体育运动和整个社会的健康正常发展。

据此,可认为体育社会学是一门把体育这种社会文化现象作为一个不断变化发展的整体,运用社会学的理论和方法,研究体育与其他社会现象之间的相互关系,以及体育与人的社会行为、社会观念的关系。体育社会学主要关注体育在社会良性运行和发展中的作用、功能以及体育社会构成与发展的规律。

二、体育社会学的研究领域

体育社会学的研究领域非常广泛,既关注宏观的社会背景,也关注微观的个体和群体行为。通过多角度的研究,旨在深入理解体育现象的本质和发展规律,为推动体育和社会的发展提供理论支持。从宏观领域来讲,体育社会学研究体育与社会的关系、体育的社会地位、体育的社会价值、体育的社会变迁等。这些研究旨在揭示体育在整个社会中的地位和作用,以及体育对社会发展的影响。

从微观领域来看,体育社会学研究体育内部的社会关系、社会功能、社会结构和社会过程。例如,研究体育运动中的群体性质与功能、运动员的社会角色与行为、运动团队的组织结构与运作机制等。

结合本书的研究方向,重点关注以下几个方面。

(一)体育与社会结构

社会结构是指社会中各个组成部分之间的相互关系。体育作为社会文化的重要组成部分,在社会结构中占有一定地位。体育活动的组织和开展,有助于加强社会联系、促进社会整合,同时也有助于提高社会成员的归属感和认同感。

(二)体育与社会变迁

随着社会的发展和变迁,体育的形式和内容也在不断变化。例如,现代体育的兴起和发展与城市化、工业化、全球化等社会变迁密切相关。同时,体育的普及和发展也促进了社会的健康和文明,推动了社会的进步和发展。

(三)体育与社会治理

社会控制是指社会对个体和群体的行为进行约束和规范的过程。体育活动中,规则和裁判的存在对参与者的行为进行规范和约束,从而维护比赛的公平和公正。此外,通过参与体育活动,人们可以学习到团队合作、尊重规则、拼搏进取等价值观和精神,这些价值观和精神对个体的社会行为进行引导和控制。

(四)体育与社会经济

体育作为一种产业,对社会经济的发展具有重要影响。体育赛事的举办可以带动旅游、餐饮、交通等相关产业的发展,提高就业机会和经济收入。同时,体育赛事的举办还可以促进城市或地区的形象提升和品牌建设,增强其知名度和美誉度。

体育与社会经济之间的关系是相互影响、相互促进的。体育的发展可以带动社会经济的发展,而社会经济的发展也可以促进体育的进步。

首先,体育可以促进经济的发展。体育产业是一个庞大的产业链,包括体育器材、服装、食品、药品等多个领域,这些领域的发展都可以带动相关产业的发展,从而促进经济的增长。此外,体育赛事的举办也可以带来巨大的经济效益,如奥运会、世界杯等国际赛事的举办,不仅可以促进旅游业、餐饮业等相关行业的发展,还可以创造大量的就业机会。

其次,社会经济的发展也可以促进体育的进步。随着人们生活水平的提高,人们对健康的关注度也越来越高,这为体育的发展提供了广阔的市场空间。同时,社会经济的发展也可以为体育提供更好的物质基础和条件,如更好的体育设施、更好的训练和比赛条件等,从而促进体育水平的提高。

(五)体育与社会文化

体育是一种文化现象,反映了社会的价值观念和文化传统。通过参与体育活动,人们可以培养合作精神、拼搏精神、爱国主义精神等价值观念,同时也可以传承和弘扬民族文化和民族精神。

首先,体育是社会文化的重要组成部分。体育活动是人类文化的重要表现形式之一,它反映了人类社会的价值观、道德观和思维方式。体育比赛中的规则、礼仪和公平竞争的精神,体现了社会文化的规范和要求。同时,体育也承载着人类的文化传统和历史记忆,通过体育活动可以传递民族文化的价值观和信仰。

其次,体育是社会文化的传播载体。体育比赛是一种全球性的文化交流活动,不同国家和地区的运动员、观众和媒体可以通过体育比赛相互交流、学习和分享。体育比赛中的文化和传统,可以跨越国界和语言的障碍,成为不同文化之间交流的桥梁。体育赛事的举办也可以促进城市和国家的形象宣传,提高其国际知名度和美誉度。

最后,体育还具有教育功能。通过参与体育活动,人们可以学习到团队合作、坚持不懈、自律和公平竞争等价值观和精神品质。这些品质不仅在体育比赛中重要,在日常生活中也同样重要。体育教育可以帮助人们培养健康的生活方式和积极的人生态度。

(六)体育社会学理论的研究

这类研究包括体育社会学理论体系的建立和体育社会问题的调查研究。理论体系的建设有助于对社会问题的研究持正确的立场和态度,而社会问题的研究可以丰富体育社会学的理论内容,并解决社会的实际问题。因此这两方面是缺一不可的。

(七)不同体育形态的研究

对不同体育形态的研究目的,是深入理解不同体育形态的本质和发展规律,从而为推动体育的多元化发展提供理论支持。

1. 个人角度的体育形态

从个体的角度,研究体育如何回归其"健康、自由"的本质形态。关注个体在体育活动中的体验、情感和认知等方面的影响,以及如何通过体育活动促进个人的身心健康和全面发展。

2. 全球人类角度的体育形态

研究体育如何将其本质精神与可持续发展思想相融合,以形成更高级的体育形态。这种形态将以人为本的思想浸润到体育的具体形态之中,以学校体育、竞技体育、体育产业、群众体育和休闲体育等更高级的体育形态为主要表现形式。

3. 体育产业角度的体育形态

从产业的角度,研究体育产业的发展规律、市场运作、经营管理等方面的问题。关注体育产业与其他产业的互动关系,以及体育产业在国民经济中的地位和作用。

4. 群众体育角度的体育形态

研究群众体育的发展模式、组织管理、服务体系等方面的问题。关注群众体育与全民健身的关系,以及群众体育在促进社会和谐发展中的作用。

5. 休闲体育角度的体育形态

研究休闲体育的特点、形式、功能和发展趋势等方面的问题。关注休闲体育与生活质量的关系,以及休闲体育在丰富人们精神文化生活和提高生活质量中的作用。

(八)体育社会问题的研究

体育社会问题的研究主要关注体育领域中存在的社会问题和矛盾,以及这些问题对个体、群体和社会的影响。

1. 体育资源分配问题

如何合理分配体育资源,以满足不同地区、不同人群的体育需求,避免资源浪费和分配不公。

2. 体育参与度问题

如何提高人们的体育参与度,培养健康的生活方式,促进身心健康发展。

3. 体育赛事中的道德问题

如何维护体育赛事的公平、公正,防止兴奋剂、黑哨等道德败坏行为的发生。

4. 体育暴力问题

如何减少和避免体育比赛中的暴力事件,维护文明观赛的良好氛围。

5. 运动员权益保护问题

如何保护运动员的合法权益,避免运动员受到伤害、歧视和剥削。

6. 性别平等问题

如何促进男女平等参与体育活动,打破性别壁垒,消除性别歧视。

7. 残疾人体育发展问题

如何促进残疾人体育事业的发展,为残疾人提供更多参与体育活动的机会和资源。

8. 体育场馆建设与管理问题

如何合理规划、建设和运营体育场馆,提高场馆的利用率和效益。

9. 体育与媒体的关系问题

如何正确处理体育与媒体的关系,发挥媒体在推广体育事业、传播体育文化方面的积极作用。

三、体育社会学研究的主要内容

(一)体育运动的社会学理论

研究体育运动中的人际关系,为制定和实施体育工作的战略、政策、组织和制度提供理论和实践依据。此外,还研究体育运动如何独立成为一个社会系统及其发展方向,以及现代体育运动高度竞技化、大众化、科学化、商业化的特点及体育运动中各种群体的性质与功能等。

(二)体育运动与社会的关系

体育运动与社会的关系包括体育运动的社会价值和社会地位,体育运动在丰富文化生活、发挥教育功能、实现人的社会化和在促进精神文明建设方面的作用。此外,其还研究体育运动与生活方式、社会秩序、意识形态、个性形成的关系,以及体育运动与政治、经济、文化、教育、科学、艺术和国际交往的关系。同时,研究现代社会中影响体育运动的各种社会因素,以及体育运动的社会变迁、社会控制等。

(三)体育运动与社会分层

体育运动与社会分层之间存在密切的关系。社会分层,作为一种社会现象,是指社会中的人们由于经济、权力、地位等因素的不同而形成的不同社会群体或阶层。而体育运动作为社会文化活动的重要组成部分,其参与程度、方式、机会等都会受到社会分层的影响。

第一,社会分层会导致体育运动资源的不平等分配。高收入、高社会地位的人群往往能够享受到更多的体育设施、更优质的教练和更丰富的比赛机会,而低收入、低社会地位的人群则可能面临体育资源匮乏的情况。这种资源分配的不平等,使得不同社会阶层的人们在参与体育运动时存在明显的差异。

第二,社会分层会影响人们参与体育运动的动机和方式。社会经济地位较高的人可能更多地将体育运动作为一种社交和娱乐方式,追求的是运动带来的身心愉悦和社交满足;而社会经济地位较低的人则可能更多地将体育运动作为一种维持健康和释放压力的手段,他们参与体育运动主要是为了改善身体健康状况,缓解生活压力。

第三,社会分层还会影响体育运动的参与程度。高收入、高教育程度的人群往往有更高的体育运动参与率,他们有更多的时间和金钱投入体育活动中,形成了持续的运动习惯。而低收入、低教育程度的人群则可能因为时间和经济压力的限制,无法充分参与体育运动。在体育运动的社会分层中,还存在运动项目的社会阶层差异。某些高端、昂贵的运动项目往往被高收入群体所青睐,而一些大众化的运动项目则更受低收入群体的欢迎。这种差异不仅体现在运动项目的选择上,还体现在运动消费水平上。

第四,体育运动与社会分层之间存在相互影响的关系。社会分层导致了体育运动资源、参与动机、参与程度等方面的差异,而体育运动又在一定程度上反映和强化了社会分层。因此,在推动体育运动的普及和发展时,需要充分考虑社会分层的影响,努力消除体育领域的不平等现象,让更多人能够享受到体育运动带来的益处。

(四)体育运动与社会问题

体育运动与社会问题之间存在着复杂而紧密的联系。社会问题是影响社会成员健康生活、妨碍社会协调发展、引起社会大众普遍关注的一种社会失调现象。而在体育领域中,这些问题也时有发生,它们不仅影响体育运动的健康发展,也对社会造成了一定的负面影响。

1. 体育中的社会问题体现在伦理和管理层面

例如,体育比赛中的兴奋剂问题、球场暴力事件等,都是对体育伦理的严重挑战。这些问题不仅损害了运动员的身心健康,也破坏了体育比赛的公平性和公正性,影响了体育运动的声誉和形象。此外,体育管理中的腐败问题也是一大顽疾,如赛事组织不透明、裁判不公等,这些问题严重损害了体育运动的公信力和社会信任度。

2. 体育社会问题还涉及文化和社会价值观的冲突

在不同的文化和社会背景下,人们对体育运动的认知和价值观可能存在差异,这可能导致文化冲突和社会矛盾。例如,在某些地区,体育运动可能被视为男性活动,女性参与受到限制,这违背了性别平等的原则。同时,过度追求竞技成绩和金牌至上的观念,也可能导致对运动员身心健康的忽视,甚至引发社会问题。

3. 体育社会问题还与经济、政治等因素密切相关

体育社会问题与经济、政治的相关性,是显而易见的。比如,体育产业的过度商业化可能导致对运动员的剥削和利益冲突;政治势力对体育运动的干预可能破坏体育比赛的公正性和独立性;社会不公和贫富差距也可能导致体育资源分配不均,影响体育运动的普及和发展。

4.研究相应的解决方案

首先,加强体育伦理教育和道德建设,提高运动员、教练员和观众的道德素质和社会责任感。其次,完善体育管理制度和监管机制,确保体育比赛的公平、公正和透明。同时,推动体育文化的多元化发展,尊重不同文化和社会背景下的体育价值观。最后,加强社会公正和公平意识的培养,促进体育资源的合理分配和普及。

(五)体育运动与民族

体育运动与民族之间存在着深厚的联系,它们相互交织、相互影响,共同塑造了独特的民族文化和社会风貌。体育运动是民族文化的重要组成部分。各民族在其历史发展过程中,都形成了独具特色的体育运动项目,这些项目不仅反映了民族的生活方式、信仰和节庆活动,还承载了民族的文化遗产和历史记忆。例如,赛马、射箭、龙舟竞渡等运动项目,都是中华民族传统体育文化的重要组成部分,它们体现了不同民族的文化特色和精神风貌。

从另一个角度,体育运动在各民族间起到了交流和融合的作用。通过参与体育竞赛和活动,不同民族的人们能够相互了解、增进友谊,从而加强民族团结和社会和谐。在国际赛场上,体育健儿们更是代表着国家和民族的荣誉,他们的出色表现能够激发民族自豪感和凝聚力。同时,体育运动也是传承民族文化的重要途径。通过参与体育运动,年轻一代能够更好地了解和继承本民族的文化传统,从而增强民族认同感和归属感。同时,体育运动还能够推动民族文化的创新和发展,使民族文化在现代社会中焕发新的活力。

总的来说,体育运动与民族之间有着密不可分的关系。它们相互促进、共同发展,为民族文化的传承和弘扬注入了新的动力。在未来的发展中,我们应该更加重视体育运动在民族文化建设中的作用,推动体育事业与民族文化的深度融合,为构建和谐社会和实现中华民族伟大复兴的中国梦贡献力量。

第二章 体育社会学研究

（六）大众体育

体育社会学对于大众体育的研究，主要关注其在社会中的定位、功能、发展趋势以及与社会其他方面的相互关系。大众体育，也被称作社会体育或群众体育，主要以健美、健身、休闲、娱乐、医疗等为目的，根据资源、业余、灵活、多样的原则进行身体活动。

大众体育在社会中的地位和功能是体育社会学研究的重要方面。随着社会的发展和人们生活水平的提高，大众体育在提升国民体质、促进健康、增强社会凝聚力等方面发挥着越来越重要的作用。体育社会学通过研究大众体育的普及程度、参与者的特征、活动形式和内容等，揭示其对个体和社会的影响。另外，大众体育的发展趋势也是体育社会学关注的焦点。随着科技的进步和人们生活方式的改变，大众体育的形式和内容也在不断创新和发展。例如，线上健身、智能运动设备等新型体育形式逐渐兴起，为大众提供了更多元化的运动选择。体育社会学通过对这些新趋势的研究，分析其对大众体育发展的推动作用。

大众体育与社会其他方面的相互关系也是体育社会学研究的重要内容。例如，大众体育与经济发展、文化传播、教育普及等方面都有着密切的联系。体育社会学通过研究这些关系，揭示大众体育在社会发展中的重要作用，并为相关部门制定政策提供科学依据。

在研究方法上，体育社会学主要采用问卷调查、访谈、观察等实证研究方法，收集和分析大众体育的相关数据和信息。同时，也借助社会学、心理学、经济学等相关学科的理论和方法，对大众体育进行跨学科的综合性研究。体育社会学对大众体育的研究具有重要的理论和实践意义。它不仅有助于我们深入理解大众体育的本质和规律，还能为相关部门制定政策、推动大众体育发展提供科学依据和参考。

第二节 体育社会学研究方法论

体育社会学作为社会学的分支学科是运用社会学理论和方法来研究体育现象的学科,从而形成自己独特的研究对象和概念体系。因此,体育社会学研究的方法论原则应该以其主干学科——社会学的方法论原则为参照体系。

一、理论的形成模式

体育社会学的理论形成模式是一个综合性的过程,它不仅依赖于社会学的理论成果和实证研究方法,还涉及对体育运动的结构、功能、发展动力和制约因素等方面的研究。

第一,体育社会学还从社会本质的角度把握体育的特征、功能、手段和途径。这意味着体育社会学不仅要从宏观的社会结构和社会变迁角度研究体育,还要关注微观层面的个体和群体行为。这种跨学科的研究视角和方法论的运用,使得体育社会学得以深入探讨体育与社会之间的互动关系,为推动体育和社会合理发展提供理论依据。

第二,体育社会学的理论形成还依赖于对体育运动实践的推动。体育运动实践中的各种问题,如资源分配、参与度、道德问题等,都为体育社会学提供了丰富的实证材料和研究课题。通过深入研究这些实践问题,体育社会学得以不断完善和发展自身的理论体系。

二、研究方法论

体育社会学研究的方法论是建立在体育社会学原理的基础上的。因此,不同的社会学原理出现了不同的社会学研究的方法论。

第二章　体育社会学研究

（一）实证主义与反实证主义

实证主义在体育社会学中是一种研究方法论，强调通过经验观察和实证研究来揭示体育现象的本质和规律。它认为只有通过客观的观察和实验，才能获得可靠的知识和结论。实证主义在体育社会学中主要应用于对体育运动中的社会问题和社会现象的研究，如体育参与度、运动员的社会地位、体育赛事的社会影响等。

反实证主义则是对实证主义的批判和反思，它认为实证主义的研究方法过于简化和偏颇，无法全面揭示体育现象的本质和规律。反实证主义强调对体育现象的主观理解和解释，认为只有通过深入探讨个体的经验和意义，才能真正理解体育现象的本质。反实证主义在体育社会学中主要应用于对运动员的个体经验和意义建构的研究，如运动员的认同、动机、情感等方面的研究。

实证主义和反实证主义方法论的基本观点的共同点为：第一，认为社会学的对象是客观的；第二，社会现象可以被感知，经验是科学知识价值判断；第三，把社会学的研究过程变成可以操作的固定程序。

（二）定量分析与定性分析

在体育社会学中，定量分析和定性分析也被广泛应用。

定量分析是通过数学模型和统计分析来研究体育现象的方法。它强调对数据的精确测量和分析，以揭示体育现象之间的数量关系和规律。定量分析在体育社会学中主要用于大规模的调查和数据收集，如对体育参与度、运动员的体能数据、赛事结果等方面的统计分析。通过定量分析，可以更准确地描述和预测体育现象的发展趋势和规律。

而定性分析则是一种基于深入访谈、观察和文本分析等的研究方法。它强调对体育现象的主观理解和解释，关注个体的经验和意义。定性分析在体育社会学中主要用于对特定情境和个体的深入探究，如对运动员的动机、认同、情感等方面的研究。通过定性分析，可以更深入地理解个体的经验和意义，揭示体育现象背后的社会和文化因素。

定量分析和定性分析在体育社会学中各有其适用范围和优缺点，但是研究方法本身并没有绝对的优劣之分，只能说针对某一个特定问题时,哪个更加适合。定量分析可以更准确地描述和预测体育现象的发展趋势和规律,而定性分析则可以更深入地理解个体的经验和意义。在实际研究中,可以将两种方法结合起来,以更全面地揭示体育现象的本质和规律。

(三)演绎模式与实证模式

演绎模式与实证模式在体育社会学中是两种不同的研究范式,各有其特点。演绎模式是从一般的概念和原理出发,推导出个别的结论。在体育社会学中,演绎模式主要应用于对体育运动的结构、功能、发展动力和制约因素等方面的研究。通过逻辑推理和演绎推理,演绎模式可以帮助研究者理解体育现象的本质和规律,从而为进一步的研究提供理论支持。

实证模式则是一种基于实证研究和经验观察的研究范式。在体育社会学中,实证模式主要通过收集和分析数据来揭示体育现象之间的数量关系和规律。实证模式强调客观性和可验证性,认为只有通过实证研究和经验观察获得的数据和结论才是可靠的。通过实证研究,实证模式可以帮助研究者了解体育现象的实际状况和发展趋势,从而为政策制定和实践操作提供科学依据。

总之,演绎模式和实证模式在体育社会学中各有其适用范围和特点。演绎模式强调逻辑推理和理论推导,而实证模式则强调实证研究和经验观察。

三、主要的研究方法

(一)问卷调查法

通过设计问卷,向目标群体发放并收集数据,这种方法覆盖面广,能够收集大量信息。问卷调查法在国内外社会调查中都被广泛地使用。它是以设问的方式表述问题,由被调查者填写答案,然后根据答案对被调查者的意见和看法进行统计分析,得出结论。问卷调查法可以通过邮寄、个别分送或集体分发等多种方式发送问卷,由被调查者按照表格所问来填写答案。

问卷调查法的主要优点在于标准化和成本低,因为问卷的设计要求规范化并可计量。但是,这种方法也有一些缺点,如问卷回收率无法保证、调查结果受被调查者填写态度的影响较大等。

其中,对问题的设计非常重要,需要考虑到被调查者的背景和特点,以及问题的敏感性和针对性等。此外,为了保证问卷调查的可靠性和有效性,需要采用一些方法和技术,如样本选择、随机抽样、权重调整等。

(二)访谈法

通过与目标群体进行面对面的交流,深入了解他们的观点和经验,这种方法能够获得更深入的信息。通过与受访者进行面对面的交流,了解他们的观点、态度、需求和行为等方面的信息。访谈法可以采用多种形式,如结构化访谈、半结构化访谈和探索式访谈等。在访谈过程中,需要注意以下几点。

1. 明确访谈目的

在访谈前要明确访谈的目的和主题,并设计好访谈提纲,以确保访谈的针对性和效率。

2. 选择合适的受访者

根据访谈目的和主题,选择具有代表性的受访者,以确保收集到的信息具有代表性和可靠性。

3. 创造良好的访谈环境

在访谈前要与受访者建立信任关系,并创造一个轻松、自然、舒适的访谈环境,以便受访者能够自由地表达自己的观点和意见。

4. 掌握访谈技巧

在访谈过程中,要掌握好提问、倾听、引导和追问等技巧,以确保能够充分了解受访者的意见和需求。

5.记录和分析访谈结果

在访谈结束后,要及时记录和分析受访者的观点、态度和需求等信息,并根据分析结果得出结论或建议。

(三)观察法

通过观察目标群体的行为和环境,了解他们的生活方式、社会环境等,这种方法能够获得更直观的信息。通过直接观察和记录研究对象的行为、语言、表情等方式,来了解研究对象的特点和规律。

观察法有很多种类,包括自然观察法、掩饰观察法、行为记录法等。其中,自然观察法是在自然环境下对被观察者进行观察,通常是在一段时间内对某个特定对象进行持续的观察和记录;掩饰观察法是在被观察者不知道的情况下进行观察,通常用于研究被观察者的真实行为和反应;行为记录法则是对被观察者的行为进行详细的记录和分析。

观察法的优点在于直接、客观和真实,能够获取第一手资料,适用于对某些难以控制或量化研究的领域。但同时,观察法也可能存在主观性强、样本量小、误差大等问题,需要在使用时特别注意。

在实践中,观察法的应用非常广泛,如在心理学、社会学、人类学等领域的研究中都有广泛应用。通过观察法,我们可以深入了解研究对象的行为和特点,探究其背后的原因和规律,为进一步的研究和决策提供依据。

(四)文献法

通过查阅已有的文献资料,了解相关问题的历史和现状,为研究提供背景和参考,这种方法可以节省时间和成本。文献法调研是通过对文献的调查和搜集来获取信息的方法。具体步骤如下。

1.确定研究主题和目的

根据研究需求和目标,确定需要搜集的文献类型和范围。

2.搜集文献

通过各种途径搜集相关文献,如图书馆、档案馆、网络等。在这个过程中,可以使用各种检索工具和数据库来帮助检索和筛选文献。

3.筛选文献

根据研究主题和目的,筛选出符合要求的文献,排除不符合要求的文献。

4.整理和分析文献

对筛选出的文献进行整理和分析,包括对文献的内容、观点、数据等信息进行分类、归纳和总结。

5.撰写调研报告

将整理和分析的结果撰写成调研报告,包括对调研结果的描述、分析和解释等。

文献法调研的优点在于可以获取大量的相关信息和数据,而且可以对这些信息和数据进行深入的分析和解释。同时,文献法调研也可以避免一些主观因素的影响,使得调研结果更加客观和可靠。但是,文献法调研也存在一些缺点,如需要花费大量的时间和精力进行文献检索和整理,而且需要具备一定的文献阅读和分析能力。

(五)田野调查法

田野调查法是一种深入研究对象的真实情境,以参与观察和具体访谈等方式获取第一手资料,并通过对这些资料的定性分析来理解和解释研究对象的研究方法。它又叫实地调查或现场研究,属于人类学、传播学范畴的概念,主要用于自然科学和社会科学的研究,如人类学、民族学、民俗学、考古学、生物学、生态学、环境科学、民族音乐学、地理学、地质学、地球物理学、语言学、古生物学、社会学等。

田野调查法具有很强的目的性、整体性和实践性,主要由参与观察、调查、访谈和理论分析构成,对微观层面的资料收集与研究有着重要的实践意义。其中,参与观察是其最重要的研究手段之一,要求调查者要与被调查对象共同生活一段时间,从中观察、了解和认识他们的社会与文化。

田野调查工作的理想状态是调查者在被调查地居住两年以上,并精通被调查者的语言,这样才有利于对被调查者文化的深入研究和解释。田野调查一般分为准备工作、实地调查、整理分析三个阶段。

总之,田野调查法是一种重要的社会科学研究方法,通过深入实地、参与观察等方式,获取真实、深入的研究资料,为社会科学研究提供有力的支持。

(六)数理统计法

数理统计法是一种数学方法,主要用于收集、整理、分析和解释数据,以及预测未来趋势。这种方法广泛应用于各个领域,如金融、医疗、科学研究等。

数理统计法的基本概念包括概率、随机变量、分布函数、均值、方差、协方差等。概率描述了事件发生的可能性,随机变量代表了实验或观察的结果,分布函数则描述了随机变量的分布情况。均值是数据的平均值,方差描述了数据的离散程度,而协方差则用于描述两个变量之间的关系。

数理统计法的目标是通过收集和分析数据来推断总体的特征和参数,并对统计结果进行合理的推断和解释。它主要包括描述统计学和推断统计学两个方面。描述统计学主要用于描述数据的分布和特征,而推断统计学则通过对样本数据的分析来推断总体的特征和参数。

数理统计法在实际应用中有很多用途。例如,在医疗领域,可以使用数理统计法对病人数据进行分析和预测,帮助医生更好地治疗病人。在金融领域,数理统计法可用于股票价格变动的分析和预测,帮助投资者做出更明智的决策。此外,数理统计法还可用于产品设计和优化,提高产品质量和性能。

数理统计法以实验观察为基本出发点,以概率论作为基础,选择适当的数学模型并进行验证。其正确运用需要掌握数理统计的基本概念和基本思想。在体育社会学研究领域,数理统计法是一种功能强大的研究工具,能够通过数据的收集、整理和分析,揭示体育社会现象背后的内在规律,为社会体育政策、商业活动决策等提供科学依据。

四、研究的展望

(一)深化理论体系研究

体育社会学需要不断深化和完善自身的理论体系,加强对体育运动的结构、功能、发展动力和制约因素等方面的研究,以揭示体育现象的本质和规律。同时,还需要借鉴其他相关学科的理论和方法,推动体育社会学的跨学科研究和发展。

(二)拓展研究领域

体育社会学的研究领域需要不断拓展,包括对体育运动中的社会问题、文化现象、科技应用等方面的研究。例如,对体育赛事的社会影响、体育文化的传承和发展、体育科技的创新和应用等方面的研究,都可以为体育社会学的发展注入新的活力。

(三)加强实证研究

实证研究是体育社会学发展的重要手段,需要加强实证研究和经验观察,以揭示体育现象之间的数量关系和规律。同时,还需要加强对体育运动实践的推动和研究,通过深入了解实践中的问题和发展趋势,为体育社会学的理论建设提供实证支持。

(四)促进跨文化研究

体育运动具有全球性和文化多样性,不同国家和地区的体育现象存在差异和特点。因此,需要加强跨文化研究,比较不同国家和地区的体育现象和发展模式,以揭示体育运动的文化内涵和跨文化特点。

(五)加强应用研究

体育社会学的研究成果需要应用于实践,为推动体育事业的发展提供科学依据。因此,需要加强应用研究,将研究成果与实际相结合,为政策制定和实践操作提供指导和支持。

第三节 体育社会学研究程序

体育社会学的研究基本程序,是研究过程中一种运筹性的科学方法,是探索问题的过程。体育社会学的研究本质上是社会性的,但作为具体的研究过程总是由个体来实现的,这一过程有四个阶段,构成体育社会学研究的基本程序。

一、正确选定研究课题

体育社会学的研究课题,大致可以分为应用性和理论性两类。这两类课题的选择要坚持是否符合体育社会实践的需要和是否具备研究条件。选定研究课题是进行研究的第一步,也是非常重要的一步。它基本上确定了研究的方向和研究的最终成果如何,因此须格外重视。选定体育社会学的研究课题需要综合考虑多个方面,然后选择具有实际意义和研究价值的课题,才能够为体育社会学的发展作出贡献。以下是关于选定体育社会学研究课题的一些建议。

(一)了解研究领域

在选择研究课题之前,需要了解体育社会学的研究领域和方向,包括体育与社会的相互关系、体育参与的社会影响因素、体育产业的发展等等。通过了解研究领域,可以更好地确定自己的研究兴趣和方向。

（二）确定研究问题

在确定研究领域之后，需要进一步确定研究问题。研究问题应该是具体、明确、具有现实意义的问题，可以是当前体育领域存在的热点问题，也可以是具有实际应用价值的问题。

（三）参考相关文献

参考相关文献是指在撰写学术论文或研究报告时，需要引用和参考其他学者的研究成果和文献资料。这些文献资料可以是期刊论文、会议论文、书籍、报告等，具体取决于所涉及的学科领域和学术规范。参考文献主要用于了解前人的研究成果和研究方法，从中汲取灵感和知识，为自己的研究提供理论和实践支持。

在引用和参考相关文献时，需要注意以下几点。

1. 引用格式

不同学科领域和学术规范有不同的引用格式要求，如 APA、MLA 等。在引用文献时，需要遵循相应的引用格式要求，确保引用的准确性和规范性。

2. 引用内容

在引用文献时，需要准确地引用他人的研究成果和观点，并注明出处。同时，也要避免抄袭和剽窃他人成果，以免引起学术不端行为。

3. 参考完整性

在撰写学术论文或研究报告时，需要充分参考相关的学术文献，以便全面了解研究领域的前沿动态和已有研究成果。同时，也需要对所引用的文献进行合理的筛选和评价，以确保引用的文献质量和可靠性。

（四）考虑研究方法

在选择研究课题时，需要考虑研究方法的选择，包括定量研究和定性研究等方法。不同的研究方法各有优缺点,应根据自己的研究问题和目的选择合适的方法。在实践中,有时候会选择定性、定量一起使用,从而得到的结果更为全面,具有更高的信度。

(五)寻找创新点

在选定研究课题时,需要寻找创新点,即在前人研究基础上有所突破和创新的地方。创新点可以是新的研究思路、新的研究角度、新的研究方法等。创新是推动社会发展以及学科进步的重要推动力,只有不断创新才能获得更为深入或者广阔的研究成果,因此,在确定研究选题时,应特别重视寻找创新点,寻找具有新颖性和独特性的研究角度或问题。比如可以是理论上的创新、方法上的创新或应用上的创新,但无论如何,它必须具备以下特点。

1. 独特性

创新点应该是独特的,即它之前没有被其他人研究过或者没有被充分研究过。这种独特性可以来自不同的理论视角、研究方法或数据来源等方面。

2. 相关性

创新点应该与现实问题相关,能够解决实际问题和产生实际影响。这种相关性可以体现在理论和实践两个方面,即理论上的贡献和应用上的价值。

3. 科学性

创新点应该有科学依据和理论基础,而不是凭空想象或主观臆断。在确定研究选题时,需要对相关理论和文献进行深入分析和梳理,以确保研究的科学性和合理性。

4. 可行性

创新点应该具备实施和操作的可能性,即在现有的技术、资源和条件下可以进行研究和实践。可行性也包括研究方法、数据采集和分析等方面的可行性。

（六）考虑实际应用价值

除了寻找创新点外,确定研究选题时还需要考虑实际应用价值。研究选题的实用性是指该研究具有实际应用的意义,能够为解决实际问题提供有价值的思路和方法。通过选择具有新颖性和独特性的研究角度或问题,同时注重实际应用意义和价值,可以更好地服务于体育事业的发展和社会进步。

1. 问题导向

以实际问题为导向,选择具有实际应用价值的课题进行研究。例如,针对某个体育领域的具体问题,探讨其产生的原因、影响和解决方案,为实际工作提供指导。

2. 实践应用

研究选题的成果能够在实际应用中得到体现。这意味着研究成果应该具有可操作性和可实施性,能够在实践中得到广泛应用和推广。

3. 政策制定

研究成果可以为相关政策制定提供科学依据和参考。例如,通过研究探讨如何提高运动员的竞技水平、如何促进体育产业的可持续发展等方面的问题,为相关政策的制定提供理论支持和实践经验。

4. 社会效益

研究选题应该关注社会效益,即研究成果能够对社会发展产生积极的影响。例如,通过研究促进体育文化的传承和发展、提高公众的健康水平等方面的问题,为社会发展作出贡献。

二、确定可行的设计方案

在设计过程中,需要注意设计的科学性、可行性和实际应用价值,以确保设计方案的有效性和实用性。以下是具体的操作步骤。

（一）明确研究目标

在确定设计方案之前，需要明确研究的目标和目的。这有助于确保设计方案与研究目标相一致，并为后续的设计和实施提供指导。并且，在研究的过程中可能会遇到一些阻碍，或者出现各种问题，如果目标含糊，就会拖延，甚至令研究半途而废。因此，在研究之初就明确目标非常重要。

（二）收集相关资料

在设计方案之前，需要收集相关资料和信息，包括文献资料、市场调查、用户需求等方面的信息。这些资料可以为设计提供参考和依据，帮助设计者更好地理解问题和需求。收集资料要注意资料的全面性、真实性和有效性，在收集资料的同时就做好资料的逻辑性，那么在后期的处理上会更为有效，也会避免无用功而浪费时间。

（三）制定初步方案

在深入收集并整理相关资料后，着手制定初步的设计方案。这一方案是项目成功的关键起点，为后续工作的展开提供了有力的支撑。初步设计方案的首要任务是构建设计的整体框架。这个框架是设计的骨架，它决定了设计的基本结构和方向。在构建框架时，我们需要综合考虑项目的目标、定位、资源等因素，确保框架的合理性和可行性。同时，还要关注框架的灵活性和可扩展性，以便在未来能够根据需要进行调整和优化。

除了整体框架，初步方案还需要明确设计的主要功能。这些功能是实现项目目标的关键所在，也是用户最为关注的部分。在确定功能时，要充分考虑用户的需求和期望，以及市场的竞争态势。通过深入分析，确定哪些功能是必要的，哪些功能是可选的，以及这些功能应该如何实现。

第二章 体育社会学研究

（四）评估可行性和可操作性

初步方案制定后，为确保其能够在实践中得到顺利实施，必须对方案的可行性和可操作性进行详尽的评估。这一评估过程涉及多个方面，包括技术可行性、资源需求以及时间安排等，都是至关重要的考量因素，需要深入剖析方案中所涉及的技术实现细节，考察现有技术是否能够支持方案的实施。这包括评估所需技术的成熟度、稳定性以及是否存在潜在的技术风险。同时，还需要考虑技术团队的能力和经验，确保他们具备实现方案所需的技术实力。

资源需求评估也是必不可少的环节，需要对方案实施所需的各类资源进行梳理，包括人力、物力、财力等方面。在人力方面，要评估所需的人员数量、专业技能及经验要求；在物力方面，要考虑所需的设备、场地等硬件设施；在财力方面，要制订详细的预算计划，确保资金充足且合理分配。通过资源需求评估，提前发现并解决资源短缺或配置不当的问题，为方案的顺利实施提供保障。

时间安排也是评估过程中不可忽视的一环，要根据方案的复杂程度和所需工作量，制订合理的实施计划。这包括确定各个阶段的时间节点、关键任务的完成时间以及整体进度的把控。通过时间安排评估，确保方案能够在规定的时间内完成，避免因时间延误而影响项目的整体进度。

（五）优化和完善方案

经过细致的评估，根据所得结果对初步方案进行有针对性的优化和完善。这一过程中，重点关注设计细节的调整和技术难点的攻克。在设计细节的调整方面，根据评估反馈，对方案中的某些设计元素进行了微调，以更好地满足实际需求和用户期望。这些调整可能涉及布局的优化、色彩搭配的改进或是功能模块的调整，旨在提升方案的整体美观性和实用性。

与此同时，对技术难点进行深入研究和攻克。组织技术团队进行专项讨论，针对评估中提出的问题和挑战，寻找切实可行的解决方案。通过技术创新和资源整合，成功克服了技术难题，为方案的顺利实施提供了坚实的技术保障。通过这一系列的优化和完善工作,方案变得更加科学、可行和实用,方案将能够更好地满足项目需求,为项目的成功实施奠定坚实的基础。

(六)反馈和修订

在方案的实施过程中,不可避免地可能会遭遇一些未曾预料到的问题或挑战。面对此类突发情况,应迅速对方案进行反馈和修订。具体来说,一旦发现问题或挑战,应组织相关人员进行深入分析和讨论,明确问题的性质和影响。随后,将根据实际情况,对方案中的相关部分进行必要的调整和优化,以确保方案能够继续顺利实施。同时,还要注意加强方案实施过程中的监控和评估,及时收集各方面的反馈意见,并根据实际情况对方案进行持续改进,确保方案最终能够顺利实现既定目标。

总之,在方案实施过程中,应始终保持高度的敏感性和灵活性,根据实际情况对方案进行及时调整和优化,以确保项目的顺利进行和目标的圆满达成。

三、研究方案的实施

(一)制订实施计划

在开始实施方案之前,需要制订详细的实施计划。这个计划应该包括研究目标、研究方法、数据采集和分析等方面的内容,以确保研究工作的顺利进行。

(二)组织资源

依据实施计划,精心组织所需的资源,涵盖人力、物力和财力等多个层面。首先,人力资源是至关重要的,要确保有足够的专业人员参与研究,他们各自具备相应的技能和经验,以支撑研究的深入开展。其次,物力资源同样不可或缺,包括所需的实验设备、场地以及其他相关设施,必须一应俱全,以满足研究过程中的各项需求。此外,财力资源也是支

第二章　体育社会学研究

撑研究的关键,要制订详细的预算计划,确保资金充足,并对其进行合理分配,以保障研究的顺利进行。在资源组织的过程中,还应注重资源的优化利用,避免浪费,确保每一份资源都能发挥出最大的效益。通过这样的组织与分配,为研究的顺利开展提供坚实的保障。

（三）确定研究方法

在明确研究目标和问题后,必须审慎选择恰当的研究方法。这可能涉及调查研究、实验研究、案例研究等多种方式。每种方法都有其独特的适用场景和优势,因此选择时需综合考虑研究目标、问题性质以及资源条件等因素。

调查研究能够广泛收集数据和信息,揭示现象背后的普遍规律;实验研究则通过控制变量来验证假设,揭示变量之间的因果关系;而案例研究则能够深入剖析个别案例,揭示其独特性和复杂性。

在选择研究方法时,要确保所选方法与研究目标和问题紧密契合,能够科学、准确地回答想要探究的问题。同时,还要考虑方法的可行性和可操作性,确保研究能够顺利进行。

（四）数据采集和分析

在确定了研究方法之后,着手进行数据采集和分析工作。这一环节至关重要,它直接关系到研究结果的准确性和可靠性。在数据采集阶段,严格按照研究方法和要求,确保数据的来源可靠、内容真实。采用多种渠道和工具,收集并研究与主题密切相关的各类数据,包括数值型数据、文本数据、图片数据等,以满足研究的需求。在数据分析阶段,运用适当的数据分析方法,对收集到的数据进行深入剖析。采用统计分析、数据挖掘、可视化等手段,揭示数据背后的规律和趋势,挖掘潜在的信息和价值。同时,注重数据的解读和解释,确保分析结果具有实际意义和应用价值。

在整个数据采集和分析过程中,始终关注数据的质量和可靠性。严格遵循数据处理的规范和标准,对数据进行清洗、整理、验证等操作,确保数据的准确性和完整性。同时,注重数据的保密性和安全性,确保数据不被泄漏或滥用。

（五）质量控制

在实施研究的过程中，确保研究的质量和可靠性是至关重要的。因此，要对数据的采集和分析过程实施严格的质量控制措施。

在数据采集阶段，要严格遵守科学的方法和规范，确保所收集的数据具有代表性、准确性和完整性。同时，还要对数据进行适当的预处理和清洗，以消除异常值和噪声，提高数据的可靠性。

在数据分析阶段，要采用科学的方法和技术，对数据进行深入的分析和解读。选择适当的数据分析方法，是根据研究目标和问题，对数据进行统计、比较、归纳等操作，以揭示数据背后的规律和趋势。同时，对数据进行严格的验证和检验，确保分析结果的准确性和可信度。

除了上述措施外，还要加强研究团队的培训和管理，提高研究人员的专业素养和技能水平。通过定期组织团队讨论和交流，分享研究经验和心得，及时解决研究过程中遇到的问题和挑战。

（六）风险管理和持续改进

研究人员应具备一定的风险管理能力，因为在研究过程中可能会遇到各种风险和挑战。因此，需要进行风险管理，预测可能出现的风险并制定应对策略，及时处理和解决出现的问题，以确保研究的顺利进行。

持续的改进和调整是研究过程中必不可少的，因为任何计划都无法完全预料到实际研究时会遇到什么问题，又有哪些新发现等，因此需要根据实际情况对方案进行必要的调整和改进。持续关注研究进展，评估效果并进行反馈和修正，以确保研究目标的实现。

四、进行概括与总结

对研究结果进行概括与总结是研究过程中必不可少的一步，它可以帮助研究者对研究结果进行梳理、提炼和呈现。通过认真总结研究结果，可以更好地理解研究问题、发现新的研究方向和应用前景，为后续的研究和实践提供有益的参考和借鉴。

（一）数据整理

将收集到的数据按照研究目的和问题进行分类整理，以便于后续的分析和总结。而数据整理可以说是具有决定性的一步工作，只有经过认真整理和筛选的数据才能为后续的统计分析提供准确的数据基础，其中需要注意以下几个方面。

1. 数据完整性

确保数据的完整性，包括数据的数量和质量。检查是否有遗漏或错误的数据，并进行必要的纠正和补充。

2. 数据分类

根据研究目的和研究问题，将数据进行分类和整理。这有助于将数据组织成有意义的类别，便于后续的分析和总结。

3. 数据格式统一

确保数据的格式统一，以便于比较和分析。对于不同格式的数据，需要进行适当的转换和处理，使其具有可比性。

4. 数据筛选

在整理数据时，需要注意数据的筛选。去除无关或异常的数据，只保留与研究问题相关的数据，以提高数据的质量和可靠性。

5. 数据编码

对于定性数据或开放性问题，需要进行适当的编码和转化。将非结构化数据转化为结构化数据，以便于进行统计分析。

6. 质量控制

对整理后的数据进行质量检查和控制，确保数据的准确性和可信度。对于错误或不一致的数据，需要进行修正或排除。

7. 数据保密

在整理数据时,需要注意数据的保密工作。对于涉及个人隐私或敏感信息的数据,需要进行适当的脱敏处理或加密保护,以保护数据的安全和隐私。

(二)统计分析

在完成数据整理的工作后,再对其进行深入的统计分析,旨在揭示数据背后隐藏的规律和趋势。为了确保分析的准确性和有效性,要根据研究目的和问题,精心选择适合的统计方法。对于描述性统计,将运用一系列统计指标和图表,对数据的基本特征进行描述和展示。这包括计算均值、中位数、众数等描述数据集中趋势的指标,以及计算方差、标准差等描述数据离散程度的指标。通过描述性统计,可以直观地了解数据的分布情况和特点。

而对于推论性统计,将运用更为复杂的统计方法和模型,对数据之间的关系进行推断和预测。这可能包括假设检验、回归分析、方差分析等方法,帮助验证研究假设,探索变量之间的关系,并预测未来的趋势。在选择统计方法时,充分考虑研究问题的性质和数据的特点,确保所选方法能够最有效地揭示数据背后的信息。同时,注重方法的科学性和可靠性,确保分析结果的准确性和可信度。通过这一系列统计分析工作,更深入地理解数据,揭示其背后的规律和趋势,并为后续的研究提供有力支持和依据。

(三)解读结果

在获得统计分析结果后,对研究结果的解读是一项至关重要的工作。解读过程中,必须保持客观、准确的态度,确保对数据的解释真实可靠,避免任何主观臆断和过度解读的情况发生。要仔细审视统计分析得出的各项结果,理解数据所呈现出的规律和趋势。关注数据之间的关联性、差异性以及可能的异常值,深入剖析其背后的原因和意义。在解读结果时,也要紧密结合研究目的和问题,将统计结果与研究假设进行对比和分析。

（四）撰写总结

将研究结果进行概括和总结，撰写总结报告。撰写研究总结报告是研究过程的重要环节，它是对整个研究工作的梳理、提炼和呈现。撰写研究总结有助于对研究结果进行全面梳理，并有效地向相关人员传达研究结论和建议。以下是一些撰写研究总结报告的建议。

1. 明确报告目的

在撰写报告之前，要明确报告的目的和受众。根据目的和受众，选择适当的语言、风格和内容，以确保报告能够有效地传达研究结果和结论。

2. 组织结构

研究总结报告应该具有清晰的结构，包括引言、方法、结果、讨论和结论等部分。引言部分应简要介绍研究背景和目的；方法部分应描述研究设计、数据采集和分析方法；结果部分应呈现研究结果；讨论部分应对结果进行解释和讨论；结论部分应总结研究结论并提出建议。

3. 突出重点

在撰写报告时，应突出重点和核心内容。避免过于冗长和复杂的表述，尽量简洁明了地呈现研究结果和结论。同时，要突出研究的新颖性和创新性，以及其对实践的指导意义。

4. 使用数据和图表

数据和图表是研究总结报告的重要支撑。使用数据和图表可以直观地呈现研究结果，增强报告的说服力。在选择数据和图表时，应注意其准确性和清晰度，并对其进行适当的解释和说明。

5. 引用文献

在撰写报告时，应引用相关的学术文献，以支持研究的可靠性和科学性。同时，引用文献也可以避免学术不端行为的发生。

6. 校对和编辑

在完成报告后,要进行仔细的校对和编辑工作,以确保报告的准确性和规范性。检查报告中的语法、拼写、标点等细节问题,并确保格式符合学术规范要求。

7. 遵循学术道德

在撰写研究总结报告时,应遵循学术道德规范,避免抄袭、剽窃等行为。同时,要注意保护知识产权,确保研究的原创性和合法性。

综上所述,撰写研究总结报告需要遵循一定的规范和要求。通过明确报告目的、组织结构、突出重点、使用数据和图表、引用文献、校对和编辑以及遵循学术道德等步骤,可以撰写出一份条理清晰、准确规范的研究总结报告。

(五)汇报展示与改进

将研究结果以适当的方式展示给相关人员,如通过口头汇报、幻灯片展示或书面报告等形式进行展示。在汇报展示时,需要注意突出重点、清晰表达,以便于听众理解和接受。在总结研究结果后,需要进行反思和改进。思考研究中存在的问题、不足和局限性,并寻求改进的方法和途径。同时,也可以将研究结果应用于实践中,以检验其实践效果和应用价值。

第四节 体育社会学研究者的素质

体育社会学是一门综合性学科,因此对研究者的要求也是综合的、复杂的。从事体育社会学的科学研究人员不仅要具备全面的理论基础,还应具备多元的复合能力,以适应新的研究工作的要求。

第二章 体育社会学研究

一、掌握体育学科基本理论和实践技能

体育社会学研究者需要具备体育学科的基本理论和实践技能，了解体育运动和健康管理领域的基本知识和实践要求。这有助于更好地理解体育现象的本质和发展规律，为研究工作提供坚实的基础。

（一）社会学理论

社会学是体育社会学的基础学科之一，研究者需要了解社会学的基本理论和方法，包括社会结构、社会过程和社会变迁等方面的知识，从而深入探究体育与社会的关系，理解体育在社会发展中的作用和影响。

（二）文化学理论

文化学理论是探究体育文化现象的重要工具之一。研究者需要了解文化的基本理论和文化学的研究方法，探究体育文化的内涵、特征和演变规律等方面的知识，以更好地理解体育现象的本质和发展规律。

（三）体育学理论

体育学理论是体育社会学的基础学科之一，研究者需要了解体育运动的基本理论和实践技能，包括运动生理学、运动训练学、运动心理学等方面的知识，有助于更好地理解体育运动和健康管理领域的基本知识和实践要求。

（四）经济学理论

经济学理论是探究体育产业发展的重要工具之一。研究者需要了解经济学的基本理论和方法，探究体育产业的经济效益、市场运行机制等方面的知识，更好地理解体育产业的发展规律和趋势。

（五）政治学理论

政治学理论是探究体育在社会政治环境中的作用和影响的重要工具之一。研究者需要了解政治学的基本理论和方法，探究体育与政治制度、政策制定等方面的关系，更深入理解体育在社会政治环境中的作用和影响。

二、具备丰富的人文社会科学知识

体育社会学属于人文社会科学，因此研究者需要具备丰富的人文社会科学知识，包括社会学、心理学、经济学、法学、政治学等方面的知识，以便更深入地探究体育与社会的关系，理解体育在社会发展中的作用和影响。

（一）社会学

社会学是研究人类社会行为、社会关系和社会结构的一门学科。体育社会学研究者需要一般都要具备社会学的基础，根据研究需要，选择相应的社会学理论和研究方法，对体育社会学进行研究。

（二）文化学

文化学是研究人类文化的起源、演变和传播。体育社会学研究者在研究工作中，会不可避免地借助文化学探究体育文化的特点和内在规律，文化学在体育社会学研究中也占有相当大的比重。

（三）心理学

心理学是研究人类心理活动和行为的学科。体育社会学研究者了解心理学的基本理论和方法，探究运动员心理、运动心理等方面的知识，有助于更好地理解体育运动中的人际关系、心理状态和行为表现。

第二章 体育社会学研究

（四）法学

法学是研究法律现象和法律规则的学科。体育社会学研究者需要了解法学的基本理论和方法，探究体育法规、运动员权益保护等方面的知识，以更好地维护运动员和相关方的权益。

三、具有出众的综合素质和能力

（一）具备较强的组织、沟通能力

体育社会学研究者需要具备较好的组织管理能力、沟通协调能力和团队合作精神，从而有效地组织和协调各项研究工作，与各方面的人员进行有效的沟通和合作，以确保研究工作的顺利开展。

（二）具备较强的创新能力和独立思考能力

体育社会学研究者需要具备较好的创新能力和独立思考能力，能够独立思考、勇于创新，提出新的研究思路和方法，推动体育社会学的不断发展。

（三）具备严谨的学术道德和良好的学术规范意识

体育社会学研究者需要具备严谨的学术道德和良好的学术规范意识，遵守学术道德和规范，严谨治学，保证研究成果的科学性和客观性。

四、具有科学研究的能力

（一）信息收集能力

科学研究需要大量的信息支持，研究者需要具备高效、准确收集信

息的能力，包括文献检索、实验观测等方面的能力。

（二）分析能力

科学研究对收集到的信息进行深入的分析和解释，研究者应具备扎实的分析能力，包括数据分析、逻辑分析、统计分析和实证研究等方面的能力。

（三）学术写作能力

学术写作是科学研究的重要组成部分，研究者需要具备清晰的思路、扎实的语言功底和良好的表达能力，能够将研究成果清晰、准确地呈现出来。

（四）创新能力

科学研究需要不断探索新的领域和问题，研究者应具备创新思维和创新能力，能够提出新的研究思路和方法。

（五）团队协作能力

科学研究往往需要多人合作完成，研究者应具备团队协作能力，能够与团队成员有效沟通、协作，共同完成研究任务。

（六）自我管理能力

科学研究需要高度的自我管理能力，研究者需要具备自律、专注和持续学习的能力，能够保持高效、有序的工作状态。

第五节　中国体育社会学研究的热点变迁

中国体育社会学研究经历了向国外学习以及自己摸索的漫长过程，其中既遇到一些挫折，也取得喜人的成果，并共同构成了我国体育社会研究的宝贵积累和经验。谈到中国体育社会学研究的变迁，一般可概括为起步期、快速发展期和深化拓展期三个阶段。但是必须指出的是，随着中国社会的进一步发展和体育事业的持续推进，可以预期体育社会学的研究热点还将继续演变，并出现更多新的议题和研究方向。

一、起步期

中国体育社会学研究的起步期主要集中在基础概念和学科建设上，研究热点主要包括体育社会学、社会学、全民健身和竞技体育。这一时期的研究重点在于探讨体育与社会的关系，竞技体育的发展和管理，以及如何通过全民健身来促进社会健康水平的提高。主要集中在学科建设和对基础概念的探讨上，为后续的研究奠定了基础。

二、快速发展期

随着中国经济的快速发展和社会变革的加速，体育社会学的研究热点开始转向中国、体育强国、休闲体育等议题。这一时期的研究重点在于探讨中国特色的体育发展道路，以及如何通过体育建设来提升国家形象和软实力。

中国体育社会学研究的快速发展期主要是在2000年至2012年之间。在这个阶段，研究议题呈现多元化状况，"中国""竞技体育""体育强国""休闲体育"等关键词较为凸显。此外，该阶段的节点数量相较起步阶段显著增多，证明中国体育社会学在这段时期的研究议题呈现多元化状况。这一时期的研究主要集中在以下几个方面。

(一)中国体育的发展

中国体育的发展可以大致分为四个阶段：改革开放开启体育新时期、现代体育理论形成阶段、多元化发展阶段和快速发展阶段。

在改革开放开启体育新时期阶段，中国体育开始回到社会主义体育发展的正确轨道，体育商业化蹒跚起步。国家体育总局提出了社会参与体育的思路，开始对出租场地等体育相关有形资产进行开发，这是体育产业兴起的第一步。1979年，我国恢复了在国际奥委会的合法席位，改革开放的中国回归到国际体育大家庭中，为新时期体育事业的发展铺平了道路。

在多元化发展阶段，我国体育事业蓬勃发展，群众体育和竞技体育皆取得了显著的成就。群众体育活动广泛开展，参与人数增加，各类体育组织和协会的数量也在增长。同时，竞技体育在国际上取得了一系列优异的成绩，中国开始在奥运会等国际赛事中崭露头角。

进入快速发展阶段后，中国体育产业总规模持续增长，结构不断优化，体育服务业占比逐渐提升。体育产业的发展逐渐多元化、专业化、市场化，各级体委机构也建立起来，各种单项运动协会的成立也为提高运动技术水平创造了各种条件。此外，科技在体育中的应用也更加广泛，包括训练方法、场馆设施、比赛装备等方面。

(二)竞技体育的研究

对竞技体育的研究为我国竞技体育的发展提供了理论支持和实际指导，对推动我国竞技体育的持续健康发展发挥了不容忽视的作用。在我国体育社会学研究的快速发展期，对竞技体育的研究内容主要包括以下几个方面。

1. 竞技体育发展研究

探讨我国竞技体育的发展历程、现状及存在的问题，研究竞技体育发展的战略和政策，以及如何提高竞技体育的国际竞争力。

2. 竞技体育管理研究

研究竞技体育的管理体制、组织架构、赛事运作等方面的内容,探讨如何提高竞技体育的管理效率和规范化程度。

3. 竞技体育人才培养研究

研究竞技体育人才的培养模式、训练方法、运动员选材等方面的内容,探讨如何提高竞技体育人才的培养质量和效益。

4. 竞技体育的社会影响研究

研究竞技体育对社会发展、文化传承、国际交流等方面的影响,探讨如何发挥竞技体育在社会建设中的作用。

5. 竞技体育的科技应用研究

研究科技在竞技体育中的应用,如运动生物力学、运动生理学、运动心理学等,探讨如何利用科技手段提高运动员的训练水平和比赛成绩。

(三)休闲体育的研究

随着社会经济的蓬勃发展和民众生活质量的不断提升,休闲方式逐渐走向多元化。在这样的背景下,休闲体育作为一种新兴的休闲方式,迅速成为研究领域的焦点。学者们纷纷聚焦休闲体育的发展态势、管理策略以及其对于民众生活质量的深远影响等方面,以期更深入地揭示其内在规律与价值。休闲体育的研究不仅有助于推动体育产业的创新与发展,更能为提升民众的生活品质提供有益的参考和启示。

(四)体育社会学学科建设

在这一时期,研究者们依然对体育社会学学科的建设保持着高度的关注,他们深入探讨了体育社会学的理论体系构建、研究方法创新等重要议题。通过不断完善学科框架、优化研究方法,体育社会学研究在这一阶段取得了显著的进展,为后续的研究奠定了坚实的基础。

三、深化拓展期

进入 21 世纪,中国体育社会学的研究热点进一步深化。体育社会学研究进程中的深化拓展期是指 2013 年至 2019 年。在这个阶段,研究议题更加多元化,同时对于竞技体育的研究内容也更加深入和广泛。

具体来说,深化拓展期的研究主要集中在以下几个方面。

(一)体育社会问题研究

这一时期的研究将更多的目光投向了体育领域所涌现出的社会问题。例如,青少年体质下降现象引发了广泛关注,研究者们深入剖析其成因,并寻求有效的干预措施。同时,体育赛事中的安全问题也备受瞩目,研究者们对赛事组织、安保措施等进行了全面审视,以确保比赛的顺利进行。此外,体育场馆的运营管理问题也成为研究的热点,研究者们致力于提升场馆的运营效率和服务质量,为公众提供更好的观赛体验。

(二)新兴体育项目研究

随着体育形式的日益丰富,电子竞技、冰雪运动等新兴体育项目逐渐吸引了人们的目光。这些新兴项目不仅带来了全新的运动体验,也引发了广泛的社会关注。研究者们纷纷将目光投向这些新兴领域,深入探索它们所带来的社会影响、发展前景等重要问题。他们通过调查研究、数据分析等方法,对这些新兴项目的受众群体、市场规模、产业链发展等进行了全面剖析,以期为未来体育产业的发展提供有益的参考和启示。

(三)体育全球化与国际比较研究

在这一时期,研究者们更加注重国际比较与全球视野的拓展,他们致力于探讨不同国家在体育发展方面的独特模式和丰富经验。通过深入研究各国的体育政策、体制建设、赛事组织等方面,研究者们期望能够发掘出值得借鉴和学习的成功案例。同时,他们也关注体育在全球范围内的交流与合作,探索如何通过国际合作推动体育事业的共同发展。这种国际比较的研究方法不仅有助于拓宽研究视野,也能为我国的体育发展提供新的思路和方向。

(四)体育与文化、科技、经济的交叉研究

随着研究的深入,体育与其他领域的交叉研究逐渐增多,如体育与文化、科技、经济的相互影响和作用等。

1. 体育与文化

研究不同文化背景下体育的演变和发展,探讨体育与文化传统的关系,以及体育在文化交流中的作用。

2. 体育与科技

研究科技对体育发展的影响,如运动装备、训练方法、赛事转播等方面的技术进步,以及科技在提高运动员表现和改善观众体验中的作用。

3. 体育与经济

研究体育产业的发展趋势和经济效益,探讨体育赛事对地区经济的拉动作用,以及体育品牌的市场营销策略等。

4. 体育与健康

研究体育锻炼对身体健康的影响,探讨体育在预防和治疗疾病中的作用,以及健康管理中的体育元素。

5. 体育与教育

研究体育在教育体系中的作用,探讨体育课程设置和教学方法的改革,以及体育在培养青少年综合素质方面的作用。

6. 体育与政治

研究体育在政治舞台上的地位和作用,探讨政府对体育事业的支持和管理方式,以及体育在国际政治交往中的作用。

（五）女性体育研究

女性在体育领域中的地位和权益逐渐受到关注，研究内容涉及女性运动员的权益保护、女性体育参与的社会影响等方面。

体育社会学研究的深化拓展期是在全球化和信息化背景下进行的，研究议题更加广泛和复杂，需要研究者具备更加全面的视角和跨学科的知识体系。开始关注一些新的议题，如体育文化、身体社会学、女性体育等。这一时期的研究更加注重对体育现象的深入分析和理论探讨，以及对新兴体育形式的探索和研究。

总体来看，中国体育社会学的研究热点是随着国家政策和经济社会发展的变化而变化。展望未来，必然会产生更多的研究主题和研究热点，来推动我国体育事业的蓬勃发展，以及提高广大国民的生活质量。

第六节　国外体育社会学研究的热点概览

国外体育社会学研究的热点变迁是一个复杂且动态的过程，受到多种因素的影响，包括政治、经济、文化、科技等。但是，体育与社会关系的研究一直占据重要地位。体育这一具有强烈属性的社会现象，其发展受到社会整体发展的直接影响。科技、经济、文化、教育等都在不同程度上影响着体育运动的进程，也成为体育社会学在不同社会领域的研究热点，并且在探讨中不断深入。

根据2019年第54届世界体育社会学大会的专题设置，可以直观地反映出当前国际体育社会学的研究格局。此次大会精心策划了涵盖体育全球化、运动和身体、体育政策和发展等在内的共计33个专题，每一专题都映射出体育社会学领域的多元研究视角。

其中，青少年体育专题成为报告场数最多的领域，凸显了国际体育社会学界对青少年体育发展的高度关注。此外，性别和体育、体育和国家认同、体育传媒、大型体育赛事以及体育未来可能性等专题同样获得了青睐,这些专题的热门程度不仅反映了当前研究的热点,也预示着未来研究的趋势。

在性别研究领域,学者们继续深入探讨性别与媒体形象、性别与政治、性别和体育、性别与歧视等细分话题。这些研究不仅剖析了性别在体育领域中的复杂关系,也为推动性别平等和体育公正提供了重要的理论支撑。

与此同时,一些新兴的研究领域如新兴体育、体育促进、体育发展评价以及体育环境与可持续发展等也开始崭露头角,吸引了越来越多学者的目光。这些新兴领域的出现不仅丰富了体育社会学的研究内容,也为体育事业的可持续发展提供了新的思路和方法。

综上所述,第54届世界体育社会学大会的专题设置全面展示了当前国际体育社会学的研究状况和关注焦点,为我们深入了解该领域的发展趋势和研究动态提供了宝贵的参考。[①]

一、青少年体育研究

(一)早期体育对青少年的深远影响

青少年体育无疑是国际体育社会学领域的一颗璀璨明珠,其研究焦点主要围绕青少年体育参与、学校体育教育以及人才培养等核心议题。其中,青少年体育参与的话题尤为引人关注。澳大利亚学者 CAMERON 提出了一个颇具洞见的观点,他认为青少年在入学前的早期运动体验相较于中小学的体育课程设置,具有更为深远的意义。这种早期运动经历通常源于家庭,与父母对孩子体育参与的态度紧密相关,且对青少年日后的体育参与产生着不容忽视的影响。然而,现实中不少家长对孩子参与体育运动的态度并不明朗,他们往往因安全等问题而心存顾虑。

---

① 仇军,邹昀,冯晓露.国际体育社会学:研究热点与未来展望——基于对第54届世界体育社会学大会的分析[J].天津体育学院学报,2020,35(02):125-132.

（二）商业化对青少年体育人才培养的影响

体育商业化的浪潮亦不可避免地波及青少年体育领域。学校体育的职业化趋势和学生运动员的商业化现象已引起了社会和媒体的广泛关注，同时也激发了学者们的热烈讨论。有观点认为，当前运动员选材体系过于偏重运动天赋，但如何界定这一天赋以及如何准确预测青少年运动员的未来成就，仍缺乏科学依据。这导致一些过早投身职业道路的青少年运动员面临着不确定的发展前景。在学业与运动训练的双重压力下，他们常常陷入睡眠不足、极度疲劳和运动成绩下滑的困境。然而，由于种种原因，他们往往难以放弃运动训练，重新规划自己的人生道路。

商业赞助对于青少年运动员来说也是一把双刃剑。虽然赞助能带来一定的经济支持，但频繁参与赞助商安排的活动往往会影响到他们的正常训练和学习，对他们的成长造成不利影响。在学校体育教育及人才培养方面，学者们也进行了深入研究。有学者从历史社会学的角度审视了各国学校体育的发展历程，如 20 世纪初的美国，教育改革、成年人体育组织的发展和校际体育协会的建立都为学校体育的发展注入了新的活力。同时，学校体育管理者的教育理念也备受关注。例如，新西兰中学体育管理者在教育理念上表现出明显的差异，有的注重青少年的全面发展，有的则更看重体育比赛的成绩。

大学体育在国家体育发展中的引领作用同样不容忽视。同一校园和教育体系下的大学生精英运动员与普通大学生的交往互动，有助于精英体育与大众体育的融合。此外，大学体育在追求运动成绩和运动体验的过程中，较少受到商业利益的左右，有助于净化整个社会的体育氛围。然而，在商业化的冲击下，大学体育如何更好地培养运动员、发展自身，并发挥其对大众体育的积极影响，仍是体育社会学者需要深入思考和研究的课题。

二、性别与体育研究

随着社会的不断演变，经济环境的日新月异以及体育领域的崭新图景，社会性别与体育研究的重要性日益凸显，成为学术界关注的焦点。

本届世界体育社会学大会以"体育：为女性创造积极的社会变革"为主题展开深入讨论，这充分显示出女性体育作为体育社会学核心议题，持续吸引着国际同仁的广泛关注和热烈探讨。

大会上的圆桌论坛以国际妇女和体育工作小组的工作成果为例，就体育如何成为推动女性积极参与社会变革的强大力量进行了深入探讨。其中，新西兰体育和娱乐部门特别强调了促进女性更多参与体育运动的重要性。面对女性在商业和体育领域高层代表较少的现状，与会者普遍认为政府应制定针对性战略，以提升女性在体育中的价值、参与度、知名度及领导能力。

体育作为激发女性潜能的政策工具和政策载体的潜力也被广泛讨论。如何通过多层次的运动参与机会为不同年龄段的女性赋能，以及体育如何帮助女性实现自我价值，成为论坛的重要议题。

性别与政治的研究揭示了女性在体育领域政治话语权的缺失，这与领导层对管理多样性的抵触有关。女性在高级职位上常受特定标签的影响，这些社会偏见阻碍了她们在职场的进步。为此，政府、体育组织和学者需共同努力，打破性别天花板，实现真正的性别平等。

网络社交平台的兴起为"性别与媒体形象"研究提供了新的视角。视觉导向的社交媒体为女性带来了全新的运动文化实践，数字健身社区不仅影响着女性的身体满意度，还在潜移默化中改变着她们的身体和健康观念。然而，社交媒体也成为女权运动的新战场，部分职业运动员在平台上表达不满，引发过度女权主义的争议。同时，社交平台上对女性职业运动员的性别暴力现象也亟待关注和研究。

三、体育与科技发展

关于体育与科技的研究，主要可分为两大方向。一是探讨如何有效利用科技推动体育发展，如科技如何助力竞技体育取得更佳成绩，新技术在体育装备、传媒、营销、场馆管理等方面的实际应用等。二是从社会学的角度出发，关注科技深度融入日常运动实践后所引发的社会影响。例如，科技如何赋予个体新的"魅力"，如何影响对生活和身体的控制，以及如何通过身体数据的收集来实现身体资本和社会资本的积累。

市场上涌现出大量与运动和健康相关的可穿戴设备和手机应用，它们为人们提供了便捷的健康自我评估和追踪方式。这无疑是科技为人类健康带来的福音。然而，与之相伴的过量信息也可能成为人们的困扰。Lupton 教授的研究就指出，过度的自我追踪可能会减少人与人之间的面对面交流，使人们更加依赖自我而减少向他人求助的行为。更为严重的是，这种科技应用可能加剧社会和经济的不平等现象，因为经济条件较差的人群往往难以承担购买这些设备进行自我追踪的成本。[1]

甚至可以预见不远的未来，将会有更多的新技术被应用到体育领域。因此，体育社会学的研究应更加关注体育与科技发展中的社会正义、社会排斥、个人隐私、数据安全等议题，以确保科技真正为人类体育事业的健康发展服务。

四、体育政策研究

在全球化的大背景下，体育运动的发展日益与政策紧密相连，尽管各国的政治体制各异，但体育与政策的相关议题始终是各国学者共同关注的焦点。纵观国际体育社会学对体育与政策的研究，主要分为两大类：一是对各国或地区的体育政策体系或脉络进行梳理，二是深入探讨体育政策作为政策工具的效用。

关于各国体育政策体系的全面梳理研究相对较少，但仍有部分学者进行了深入的探索。例如，香港浸会大学的 Wu Wen 教授对香港特别行政区自 1997 年以来的精英体育政策进行了深入研究，她以羽毛球、自行车和击剑三个项目为例，从宏观层面和实施途径对政策过程进行了全面分析。法国学者 Alexandre 则聚焦于法国在多次申奥失败后所推动的体育赛事主办政策，通过采访法国体育政府部门、奥委会的多位关键人物，并整理体育部门的档案资料，深入研究了这一政策的发展和演变，以及其在推动法国申奥过程中的作用与得失。此外，Bence 还梳理了欧盟委员会在体育外交方面的政策，强调发展社会基层体育活动以促进民间关系应成为欧盟体育外交的核心内容。[2]

---

[1] 仇军，邹昀，冯晓露．国际体育社会学：研究热点与未来展望——基于对第 54 届世界体育社会学大会的分析[J]．天津体育学院学报，2020，35（02）：125-132．

[2] 仇军，邹昀，冯晓露．国际体育社会学：研究热点与未来展望——基于对第 54 届世界体育社会学大会的分析[J]．天津体育学院学报，2020，35（02）：125-132．

第三章
多元社会学理论对体育的阐释

　　人类社会的演变过程有着清晰的转变轨迹,如从封建社会到工业社会,再到信息社会、全球化社会,这是一种结构性变化的过程。由于社会的多样性和复杂性,单一的理论是无法清晰解释清楚的,需要结合多元理论,对于具有多重社会文化属性的体育而言,也是一样的道理。因此,本章将从体育的社会学特征与社会化功能、结构功能主义与体育、互动理论与体育、冲突理论与体育,以及布迪厄的体育观几个方面进行阐释。

第一节 体育的社会学特征与社会化功能

一、体育的社会学特征

(一)公平竞争

体育是一种公平竞争的活动,它强调制定和遵守规则,以及公正、平等的竞争环境。在体育比赛中,参与者必须遵守规则,尊重对手,以获得公正的比赛结果。这种公平竞争的精神在社会生活中也具有重要意义,是社会公正、平等、秩序的体现。

为了实现公平竞争,需要建立完善的制度和监管机制,确保规则的执行、机会的平等、过程的公正和结果的准确。同时,也需要提高运动员和观众的公平竞争意识,鼓励诚信、自律和尊重对手的精神。只有在公平竞争的环境下,体育才能真正发挥其促进身心健康、培养良好品德和价值观的作用。

(二)社会交往

体育是一种社会交往的方式。通过参与体育活动,人们可以结交朋友、扩大社交圈、增强社会归属感。体育赛事也是一种社交场合,人们可以在此交流、互动、分享彼此的经验和感受,促进社会和谐发展。

(三)文化传承

体育是一种文化现象,它包含着丰富的文化内涵和价值观念。通过参与体育活动,人们可以了解和传承体育文化,包括各种体育项目的历史、规则、技巧等。同时,体育也是民族文化的重要组成部分,它可以增强民族凝聚力和文化认同感。体育的文化传承特征包含规范性、身体性、民众性、创新性、跨文化性等特点。

（四）健康生活方式

体育是促进健康生活方式的有效手段。通过参与体育活动，人们可以增强体质、提高免疫力、预防疾病，保持身体健康。同时，体育也可以培养人们的意志品质、自信心和自律性，有助于形成健康的生活方式和良好的生活习惯。

（五）社会控制

体育是一种社会控制手段。通过参与体育活动，人们可以培养遵守规则、尊重他人、公平竞争等社会行为规范和价值观。同时，体育也可以起到维护社会稳定的作用，通过缓解社会矛盾、增强社会凝聚力来促进社会和谐发展。

二、体育的社会化功能

（一）体育社会化功能的内涵

体育的社会化功能，即通过各种体育手段与内容来培养人的个性、自我观念、内化社会价值观念、传递社会文化、习得生活技能和培养社会角色等一系列功能。

1. 建立多渠道的筹资机制

体育社会化提倡建立多元化的筹资机制，鼓励全社会投资兴办体育，鼓励国内外企业和个人开发与经营体育，最大限度地引入增量资源，盘活存量资源，促进全民健身事业发展。

2. 促进社会参与和占有

体育社会化强调社会办体育，实现社会对体育的全面参与和占有。

这意味着人民群众可以真正成为体育的主人,中国体育将更加解放,更加协调,更快发展。

3. 发展体育人口

体育人口是衡量一个国家体育发展水平的重要指标。体育社会化强调要培养有目的地经常花费一定时间达到一定量度地参加健身的个人或群体,通俗地讲就是每周健身3次以上,每次30分钟以上且有一定强度。

4. 搭桥牵头和搭台唱戏

体育社会化通过搭桥牵头和搭台唱戏的方式,因地制宜地组织丰富多彩的社会体育健身活动,满足群众对体育健身多样化的需求。

5. 改变消费观念

体育社会化鼓励群众适当增加体育消费,改变体育消费观念,形成体育消费的良性循环。

(二)体育社会化功能的特点

1. 社会能力的培养

体育活动可以帮助个体发展社会技能,如团队协作、沟通技巧和领导能力等。这些技能在日常生活和工作中同样重要。

2. 社会规范的习得

体育比赛通常有明确的规则和技术要求,参与者在参与过程中需要遵守这些规则,从而潜移默化地习得社会规范。

3. 社会角色的体验

在体育比赛中,每个参与者都会扮演特定的角色,如运动员、裁判、教练等。这些角色体验有助于个体更好地理解社会角色。

4. 促进个性形成

体育活动对个体的性格、价值观和人生观的形成有重要影响。例如，体育比赛中的挫折和成功可以帮助个体培养坚韧不拔、积极进取的品质。

5. 政治和社会价值的传递

体育作为一种全球性的文化现象，经常被用于传递政治和社会价值。例如，通过举办国际体育赛事来促进国际交流和理解。

6. 健康习惯的养成

参与体育活动可以帮助个体建立健康的生活习惯，包括规律运动、合理饮食等，这对于个体的健康和社会的发展都有积极影响。

7. 休闲娱乐

体育活动是人们休闲娱乐的重要方式之一，有助于缓解压力、提高生活质量。

（三）体育社会化功能的主要内容

1. 体育教育功能

通过体育对人的身心的促进与发展，来达到教育目的的实现。其主要体现在：体育运动可以促进良好生活习惯的形成；提供社会规范教育、社会角色尝试，促进人的社会化；促成个性形成、约束个性发展和养成进取精神；等等。

2. 政治功能

体育在维护统治阶级的利益、处理国际关系和民族关系方面，具有独特的功能。其主要体现在提高国家和民族的威望，服务国家外交，增强民族团结等方面。

3. 经济功能

体育对于经济发展的促进作用主要体现在提高劳动者身体素质、促进生产力的发展、促进消费、拓展经济增长点等方面。

4. 文化功能

以奥运会为代表的体育运动作为一种实践活动的文化价值就在于促进人自身价值的实现,即人的全面、自由、和谐地发展,是个体人格和社会人格的和谐统一。

第二节　结构功能主义与体育

结构功能主义是重要的社会学理论之一,它认为社会是一个整体,各个组成部分之间相互依赖、相互影响,共同维持社会的平衡和稳定。本节分析结构功能主义视角下的体育发展。

一、结构功能主义的基本观点

(一)社会是由相互关联的子系统构成

结构功能主义强调社会结构的重要性,认为社会是指社会中各个组成部分之间相对稳定的关系和格局的存在。这些组成部分包括文化、制度、角色、群体等,它们之间相互依存、相互制约,形成了一个相对稳定的结构,构成社会的完整系统。

(二)系统的均衡、稳定和协调发展

从结构功能主义的角度来看,社会的各个组成部分之间存在着一种均衡和稳定的关系,这种关系使得社会能够保持长期的稳定和发展。如果某个组成部分的功能出现问题或失去平衡,就会导致整个社会的失衡和不稳定。社会系统是处于一种动态的平衡状态,当外部发生变迁时,要有一定的适应性,此时就需要利用内部的协调来平衡外部的改变,从而对冲了变化的风险。

从长远来看,完全的均衡或整合或许永远也不能达到,却是社会系统趋向的极限。

(三)社会系统的功能

在社会体系中,每一个子系统都有其特定的功能,这些功能满足了社会成员的基本需求,也维护着整个社会的稳定。只要这些功能能够完好发挥,社会整体系统就会朝着稳定、健康的方向持续发展。例如,家庭的功能是满足人们的情感和生殖需求,政府的功能是维护社会秩序和提供公共产品。

(四)社会变迁的方式

社会变迁一般以渐进、适应的方式进行,很少以突然、革命的方式来实现。有时看似剧烈的变化,实际上只是极大地影响社会上层建筑,而社会和文化基本结构的核心要素则大部分未动。变迁主要来源于系统对外部的适应、结构和功能的分化以及社会中的成员或群体的创新和发明。

虽然结构功能主义强调社会的稳定和均衡,但也承认社会的变迁和演化。因为社会的变迁和演化是不可避免的,但变迁和演化是有规律的,这些规律是由社会的结构和功能所决定的。

(五)价值共识促进社会整合

促进社会整合的最重要和最根本的要素是价值共识,即在整个社会和文化结构之下,存在着特定社会系统中绝大多数成员同意和肯定的目标和原则。价值系统不仅是社会整合的最深刻和最重要的来源,也是社会——文化系统中最稳定的因素。

二、结构功能主义视角下的体育

体育作为社会结构中的一个组成部分,具有特定的功能和作用,可以促进社会系统的健康发展。例如,体育可以满足人们的健康需求、促进身体发展、提高身体素质等。此外,体育还可以促进文化交流、增强民族凝聚力、推动经济发展等,这些都是体育在社会结构中的重要功能。另外,体育与教育、文化、政治、经济等方面都有着密切的联系,发挥着不可替代的作用,同时,政治和经济也对体育的发展产生着重要的影响。具体可从以下几个方面进行研究。

(一)体育具有维持社会体制功能

与构成社会的其他制度如家庭、教育、经济、政治等一样,体育作为二次性的制度对实现社会目标具有重要的作用和功能,通过体育参与,人们学会遵循整个社会的价值和规范,并内化和影响着人们思维、情感和行为方式,发展出规则、秩序等符合社会治理要求的良好特征,尤其是对青少年学生而言,能够很好地培养他们的团队协作意识,增强责任感和义务感,形成社会共同的价值规范体系,从而有利于维持社会秩序和社会体制,体育具体的社会功能包括:促进身体健康、培养意志品质、促进社交互动、传播体育文化和缓解压力等。

(二)体育具有维持社会安定的功能

体育具有维持社会安定的功能的具体表现如下。
(1)体育具有安全阀功能,可以转移人们不满的心理,分散人们对社会产生的某些积怨,消除对立、弥合分歧、缓解矛盾。
(2)体育最能体现人人平等参与的权利,可以有效地调节人们在经济快速增长时期由于期望与现实间差距太大所产生的不满心态,减轻经济条件衰退时的受挫感,还可以改善人们在不同经济条件下,因收入差距加大而产生的相对剥夺感。
(3)体育社团组织使社会不满和受挫折群体消除误解和隔膜,成为

第三章　多元社会学理论对体育的阐释

连接个人与政府的桥梁,通过社会利益表达和对话机制来疏导人们的不满心理,从而缓解政府的压力。

(4)体育可以提升国家和民族的威望,为国家外交服务,加强民族团结,在维护统治阶级利益、处理国际关系和民族关系方面具有独特的功能。

(三)体育具有促进社会整合功能

1. 增强群体凝聚力

体育活动往往需要多人协作完成,通过参与体育活动,人们可以增强彼此之间的默契和配合,提高群体凝聚力。这种凝聚力可以促进社会团结和稳定。

2. 促进跨文化交流

体育作为一种全球性的文化现象,可以促进不同文化背景的人们之间的交流和理解。通过体育活动,人们可以打破文化隔阂,增进相互之间的认同感和包容性。

3. 培养社会规范

体育活动有其特定的规则和技术要求,参与体育活动需要遵守相应的规则和规范。这种规范性可以培养人们的纪律性和责任感,有助于形成良好的社会风气。

4. 提高社会适应能力

参与体育活动可以让人们更好地适应社会变化和发展。通过参与体育活动,人们可以提高自身的身体素质、心理素质和社会适应能力。

5. 促进社区发展

体育活动可以在社区中发挥重要的纽带作用。通过组织体育活动,可以增强社区居民之间的互动和联系,促进社区的发展和繁荣。

(四)体育具有目标成就功能

1. 培养身体素质

体育课程的一个重要目标是培养学生的身体素质,包括力量、速度、耐力、柔韧性等方面。通过参与体育活动和训练,学生可以提高身体各项素质,增强身体的健康和抵抗力。

2. 培养运动技能

体育课程还旨在培养学生的运动技能,如游泳、篮球、足球、乒乓球等。通过系统的训练和指导,学生可以掌握基本的运动技能,提高运动水平,培养兴趣爱好,并为未来的运动发展打下基础。

3. 培养团队合作精神

体育课程涉及团队运动,如足球、篮球等。通过参与团队运动,学生可以培养团队合作精神,学会与他人合作、沟通和协调,培养集体荣誉感,提高团队协作能力。

4. 培养意志品质

体育活动需要勇于克服困难、坚持不懈的精神,这有助于培养学生的意志品质和毅力。通过参与体育活动,学生可以学会面对挑战和困难,提高自我控制力和抗挫能力。

5. 提高自信心

通过参与体育活动并取得成就,学生可以获得自信心和自尊心。这种成就感的积累可以帮助学生更好地面对学习和生活中的挑战。

6. 培养竞争意识

体育活动中的竞争性可以培养学生的竞争意识和进取心。通过参与体育比赛,学生可以学会如何正确对待输赢,培养积极向上的心态和竞争精神。

（五）体育具有提高防御外在威胁功能

体育能够培养具有更强的应对外在威胁的防御能力，使社会成员习得适应社会的适宜的思维、情感和行为方式，以便在保持系统内部秩序的同时能对系统之外的社会与环境的变化做出反应。主要体现在以下几个方面。

1. 培养竞争意识和抗挫能力

体育活动中的竞争和挑战可以帮助人们培养竞争意识和抗挫能力。在面对外部威胁和挑战时，人们可以更加冷静、坚定地应对，提高自我保护能力。

2. 增强社会凝聚力

体育活动可以促进人与人之间的交流和互动，增强社会凝聚力。在面对外部威胁时，团结一致的社会可以更好地共同应对，提高防御能力。

3. 提高安全意识

体育活动中的安全教育和训练可以帮助人们提高安全意识，减少意外伤害的风险。在面对外部安全威胁时，人们可以更加警觉和理智地应对，保护自身安全。

三、结构功能主义理论的局限

结构功能主义理论的局限性主要包括以下几个方面。

（一）过于强调稳定性

结构功能主义理论的核心是对于社会如何达到均衡、保持社会体系的稳定性的研究，回避社会中的矛盾与冲突，强调社会体系的协调一致与社会体系的和谐本性。然而，这种过于强调稳定性的视角忽略了社会变迁和发展的可能性。

（二）缺乏对社会变迁的解释

结构功能主义强调社会的稳定性和秩序性，但忽视了社会冲突，无法合理地解释社会变迁。结构功能主义理论确实在解释社会变迁方面存在局限性。结构功能主义理论强调社会的稳定性和秩序性，注重分析社会结构的内在关系和规律性，但往往难以解释社会变迁和社会冲突的发生和演化。

社会变迁是一个复杂的过程，涉及各种因素的相互作用，包括社会结构、文化、经济、技术等方面的变化。结构功能主义理论过于关注结构因素的分析，而忽视了对其他因素的探讨，因此在对社会变迁的解释上显得力不从心。

然而，这并不意味着结构功能主义理论无法解释社会变迁。实际上，一些结构功能主义学者也在尝试探索结构因素的变化及其对社会变迁的影响。但总体来说，结构功能主义理论在解释社会变迁方面仍有一定的局限性。

为了更全面地理解社会变迁，我们需要综合运用多种理论工具和方法，包括结构功能主义理论、功能主义理论、冲突理论等。通过综合不同理论的优点和视角，可以更全面地理解社会变迁的本质和发展过程，弥补单一理论的局限性。

（三）过于机械和目的论

结构功能主义把系统各组成部分存在的原因归之于对系统整体产生的有益后果，是唯意志论和目的论的解释方式，因此有人认为它过于机械缺乏变通。结构功能主义理论确实有时被认为是过于机械和目的论的。这种批评指出，结构功能主义强调社会结构的稳定性和规律性，但忽视了社会现象的复杂性和动态性。在结构功能主义的框架下，社会现象往往被视为在预定的社会结构中运转的独立实体，而这些实体的功能在于维持结构的稳定性和平衡。这种视角可能导致对社会现象的解释过于简单化，忽视了个体和群体的主观能动性以及社会变迁的过程。

另外，一些批评者认为结构功能主义过于目的论，即强调所有社会现象都服务于维持整体结构的稳定性和平衡。这种观点可能导致对社

第三章 多元社会学理论对体育的阐释

会现象的解释过于简化,忽视了个体和群体的多元动机和目标。然而,也应当指出,结构功能主义理论也在不断地发展和演变中。一些结构功能主义学者也在尝试克服这些局限性,通过引入新的概念、理论或方法来更全面地解释社会现象的复杂性和动态性。

总的来说,对于任何理论和方法,我们都需要保持批判性的态度,审慎地评估其优点和局限性,并结合实际情况进行应用和发展。

(四)缺乏批判性

结构功能主义为传播学研究提供了一条最为综合的研究路径,但也正是因为包容性太强而丧失了批判力。结构功能主义理论在解释体育现象时确实可能表现出缺乏批判性的局限性。然而,这种理论往往忽视了社会冲突和社会变迁的存在和重要性,过于强调社会的和谐与平衡。

在体育领域中,结构功能主义可能被用来解释体育系统的稳定性和秩序性,强调各组成部分之间的功能关系。然而,这种视角可能无法充分解释体育领域中的冲突和变迁,如利益冲突、不平等问题、规则变革等。因此,结构功能主义在批判地审视体育现象方面存在局限性。

为了克服结构功能主义的局限性,可以借鉴其他理论观点,如冲突理论、符号互动理论等。冲突理论强调社会冲突的存在和重要性,并认为社会是通过冲突和斗争而发展的。符号互动理论则关注个体在社会互动中的主观经验和意义建构,强调对个体行动的理解和解释。这些理论观点可以为体育现象的研究提供更全面和深入的视角,更好地解释体育领域中的复杂性和多样性。

(五)忽略人的因素

结构主义理论在解释体育现象时既有贡献也存在局限性。它有时仅是一味地从大范围的角度谈论关注整个社会,而忽略了社会中的人,忽略了人与人之间的交往,人与人之间的交换,以及会出现的种种特殊的情况。结构主义理论在解释体育现象时确实可能忽略人的因素。结构主义理论强调社会结构的稳定性和规律性,注重分析社会各组成部分之间的相互关系,但往往忽视了个体和群体的主观能动性以及人的情感和认知等方面的影响。

在体育领域中,人的因素是非常重要的。体育活动是由个体参与的,个体在体育活动中的体验、情感和认知等方面的因素对体育现象的发展和演变具有重要影响。例如,运动员的动机、态度和情感可以影响他们在比赛中的表现和成绩;观众的情感和反应可以影响比赛的氛围和效果等。

为了更全面地理解体育现象,需要将人的因素纳入研究范围,关注个体和群体的主观体验、情感和认知等方面的影响。同时,也需要结合其他理论和方法,如心理学、社会学和文化研究等,以更全面地理解体育现象的本质和发展过程。

(六)夸大了体育的积极作用

结构功能主义在体育研究中,有些夸大了体育的积极作用,然而,社会是一个系统,各个部分相互依赖,共同维持着整个社会的正常运转。每一个因素都发挥着不可替代的作用,尽管体育在社会发展中起到促进人们健康、培养人格、增强社交等作用,但也需要在完整的社会体系中得以体现。

应当承认,任何理论和方法都有其局限性。在解释体育现象时,我们还须结合其他理论和方法,以更全面地理解体育现象的本质和发展过程。同时,我们也需要保持批判性的态度,审慎评估各种理论和方法的应用范围和限制。

第三节 互动理论与体育

一、互动理论的基本观点

社会由个人组成,个人是社会的基础。互动论认为社会是由个体所组成的,个人不仅是社会的基础,还是社会关系的构成者。个人之间的相互作用和相互关系形成了社会关系和群体。个人之间的相互作用是社会形成的基础,也是社会变革的推动力之一。在相互作用的过程中,

第三章　多元社会学理论对体育的阐释

人们能够形成共享的价值观念、行为规范和文化传统等。互动行为发生于两人以上的群体中,个体或群体产生了一定的依赖关系,由此产生互动行为。互动的发生需要一定的中介如信息、思想等,在发生交流和互动的过程中个体或群体的社会关系也会发生一定的变化,由此影响整体的环境。

符号互动论认为人类是"符号"的制造者和使用者,符号是指人们赋予行动的含义。人类有获得"符号的一致意义"的能力,即视他人的态度和意向而行动的能力。人的"心智"能力,使人们能够对所处的"情景"作出定义,从而选择合适的行动路线。互动可以是面对面的形式,也可以是线上的形式,并且个体或群体之间的互动有一定的规律。在教育学领域中,教学活动或者课堂可以视为小型的社会,由此互动理论便广泛地应用于教育教学方面的相关研究,尤其是教学活动的师生互动研究。人的自我意识来源于社会互动,在社会互动中学习和使用语言符号,通过角色扮演和他人对自己扮演角色的反馈,逐步形成自我意识。社会是一个舞台,全体社会成员是在这个舞台上按照特定规则扮演不同角色的演员。社会互动的重要特征就是"印象管理"或"自我呈现"。

总之,互动理论认为个人之间的相互作用和相互关系形成了社会关系和群体,而人的自我意识也来源于社会互动。在社会互动中,人们通过符号、语言等方式进行交流和沟通,从而形成了复杂的社会结构和文化传统。同时,互动行为也具有一定的规律和规则,这些规则和规律对社会成员的行为和态度进行控制和引导,以维护社会的稳定与和谐。

二、符号互动理论视角下的体育

符号互动理论视角下的体育,强调了人与人之间的相互作用和相互关系,通过符号来表达自己的意义和情感,自我意识和角色扮演也是通过社会互动形成的。对于体育比赛来说,运动员、教练员以及观众之间的互动和交流都是非常重要的。例如,在比赛中,运动员之间的默契和配合、教练员的指挥和策略,以及观众的欢呼和支持,都是符号互动的体现。

人们通过符号来表达自己的意义和情感,这些符号可以是语言、动作、表情等。例如,运动员通过特定的动作和表情来表达自己的情感,而观众则通过欢呼和支持来表达自己的情感和态度。同时,人们的自我意识和角色扮演也是通过社会互动形成的。在体育比赛中,运动员的角色扮演和自我意识也是通过比赛中的互动和交流形成的。比如,运动员需要根据自己的角色和任务来做出相应的决策和行动,同时也要根据对手和队友的反应来进行自我调整和改进。在体育比赛中,比赛的规则和纪律也是对运动员行为的控制和引导,这些规则和纪律保证了比赛的公正性和公平性。

三、符号互动理论的局限

(一)过分强调人的主观因素

诚然,人的主观因素、主观心理意识是研究事物最重要的因素之一,有时甚至起到决定性的影响,但是,在对体育现象进行研究时,符号互动理论表现得过分关注人的主观因素,而忽视了客观实际。在体育领域中,客观因素如社会背景、文化差异、经济条件等对个体和群体的影响不容忽视。这些因素会影响个体和群体的互动方式和行为,而这些影响往往被符号互动理论所忽略。

(二)对事物的内在认识不足

事物的表象之下必然有其内在逻辑和规律性的存在,但是符号互动理论更多的是关注表现出来的、为人们所认识到的东西,而对事物内在规定性认识不足。在体育领域中,许多现象具有内在的规定性和规律性,如运动技术、战术、规则等。这些规定性和规律性对体育现象的发展和演变具有重要影响,但往往被符号互动理论所忽视。

(三)无法完全解释一些个体性行为

体育是一种综合的、复杂的、内涵丰富的社会活动,但是符号互动理论仅强调人与人之间的相互作用和相互关系,而对于一些个体性的体育项目,如长跑、游泳等,这种理论的应用可能会受到限制。因为这些项目更多地强调个人的技能、体能和意志力,人与人之间的相互作用和相

第三章 多元社会学理论对体育的阐释

互关系可能不是主要的因素。同时,一些突发情况或非常规的行为,也无法用该理论完全解释。例如,在比赛中出现的突然伤病、技术失误等,可能无法用简单的规则和规律来解释。

(四)对运动员的情感和意识的表达局限

符号互动理论强调通过符号来表达意义和情感,但在体育比赛中,有些情感和意义可能难以用符号来表达。例如,运动员在比赛中的心理状态、情绪变化等,可能难以用语言或符号来完全表达。从自我意识和角色扮演的角度,尤其是一些年轻的运动员,由于他们的社会经验和角色意识可能还不够成熟,这种理论的应用也可能受到限制。

第四节　冲突理论与体育

德国社会学家达伦多夫认为,以帕森斯为代表的功能主义所建构的有关社会的"整合模型"或"均衡模型"片面强调稳定、和谐,忽视社会还有同样真实的另外一面,即变迁、冲突和强制——而这些正是达伦多夫建构自己的"社会冲突模型(conflict model of society)"的关键概念。

一、冲突理论的基本观点

(一)社会冲突的普遍性

冲突理论认为,无论是经济、政治、文化还是其他领域,都存在着各种各样的冲突。也就是说,任何一个社会都充满了矛盾和冲突,冲突并不会被根除。社会系统在运转时,由于各个部门对社会系统的整合与适应程度不一致,不可避免地导致不同部门的操作、运行方式和过程的不协调,因而社会系统运行也就不可避免地伴随紧张、失调和利益冲突现象,社会冲突不但不可避免而且是社会运行中的常态。

而社会冲突是社会结构所固有的,它假设在社会及其组成部分中个体和群体之间的利益竞争存在一种张力。这种普遍性观点强调了社会冲突的持续性和常态性,而不是将其视为偶然或特殊的情况。社会发展和变迁是一个在各种利益矛盾推动下的充满冲突的过程,冲突不但是自然而然、极为正常的社会现象,而且也是社会生活中的一个持续存在和不可避免的组成部分。

(二)社会冲突的根源

冲突理论认为社会冲突的根源在于资源的稀缺性和社会结构的不平等。由于资源的有限性,人们为了争夺资源而产生利益冲突;同时,社会结构的不平等也导致了不同群体之间的对立和冲突。在冲突理论视角下,社会冲突的根源又分为以下几方面。

1. 物质性原因

由于社会报酬的分配不公以及人们对不公平分配表现出的愤怒、失望,导致相对剥夺感,从而引发社会冲突。这种根源主要涉及经济利益的争夺,包括资源的分配、权力的争夺等。

2. 非物质性原因

这些原因主要涉及价值观、信仰等方面的冲突,这些冲突有利于整个社会系统和群体原有结构的完善以及新规范的制定。非物质性原因引起的社会冲突积累的后果就是社会合法性的撤销,即人们对现有制度产生怀疑、缺乏信心,不再认为现有制度是合理合法的。

此外,不平等的社会结构、下层被统治者的不平等地位意识、对群体的忠诚以及亲密关系等也是社会冲突的根源。这些根源相互作用、相互影响,共同构成了社会冲突的复杂性。

第三章　多元社会学理论对体育的阐释

（三）社会冲突的作用

1. 推动社会进步

冲突理论认为社会冲突不仅有负面的影响,如破坏社会秩序、造成社会资源的浪费等,同时也具有正面的作用。它可以推动社会变迁和结构的调整,促使社会不断适应新的环境和变化,推动社会变革和进步。当社会中存在不公平和不平等的情况时,冲突会激发被压迫群体的觉醒和行动。通过冲突,人们可以对社会问题提出质疑,并借此推动社会变革和进步。例如,历史上的一些社会冲突,如法国大革命、美国民权运动等,都取得了一定的成果,推动了社会的进步和变革。

2. 调整社会力量关系

社会是一个复杂的系统,其中存在着各种利益集团、社会阶层和权力关系。有时候,社会冲突具有调整社会关系和平衡各种社会力量的作用。通过争夺和抗争,可以调整不平等的社会关系和权力结构,达到一种相对平衡的状态。从长远来看,这种社会冲突和调整可以促进社会的稳定和可持续发展。

3. 平衡社会结构的功能

冲突作为衡量对立双方实力的有效手段,使对立双方通过冲突对各自实力做出正确评估而达成和解,有利于社会结构的平衡与稳定。同时,还可以加强社会联系,将相关的个人和群体联系起来,提高了社会的参与程度,有利于社会结构的维持。

4. 激发社会规范的功能

冲突不仅可以增强对原有规范的认同,而且还能使社会不断调整原有规范,并建立新的规范以调整变化了的社会关系,从而对群体起到保护作用。另外,冲突的发生可以释放和宣泄敌对情绪,防止敌意的累积,"清洁了空气"。

（四）社会冲突的解决

从冲突理论的角度看,解决社会冲突需要采取多种手段和策略,包括改革社会制度、促进社会公平、推动民主化进程等。同时,也需要建立有效的沟通机制和利益协调机制,以化解社会矛盾和减少冲突的发生。以下是一些可能的解决方式。

1. 建立有效的沟通机制

通过建立有效的沟通机制,促进不同群体之间的理解和对话,减少误解和偏见,从而减少社会冲突的发生。

2. 推动社会公平和公正

通过改革和调整社会制度,促进社会公平和公正水平,减少不平等和资源分配不均的问题,从而从根本上预防社会冲突的发生。

3. 促进参与和民主决策

只有促进公民参与决策,真正做到让人民当家作主,参与社会公共事务的决策过程中,从而提高公民的权益和利益分配的公平性,减少社会冲突的发生。

4. 建立安全阀机制

安全阀机制是指为人们提供表达和宣泄不满情绪的渠道,防止敌对情绪的累积和爆发,从而减少社会冲突的发生。

5. 强化法律和制度建设

为社会冲突的解决提供有效的法律和制度保障,减少无序和暴力的冲突方式。

6. 促进文化交流和理解

充分交流和沟通,加强彼此的理解,是减少文化隔阂和歧视的有效途径,从而可以减少因文化差异而引发的社会冲突。

第三章　多元社会学理论对体育的阐释

7.发展经济和社会福利

由于很多冲突是由于资源分布不均,人民的生活质量受到冲击而造成的。因此,发展经济和社会福利,提高人民的生活水平和福利保障,减少贫困和社会不公,可以大大缓解这一类社会冲突的发生。

二、冲突理论视角下的体育

从冲突理论视角看,体育中存在各种形式的冲突,这些冲突主要源于利益、权力和资源的争夺。体育中的冲突不仅包括体育赛事中的竞争和冲突,也包括不同国家、地区和群体之间因体育资源分配、体育政治化和商业化等问题而产生的冲突。

第一,体育赛事中的竞争和冲突是不可避免的。在体育比赛中,运动员和队伍之间常常存在激烈的竞争,为了取得胜利,他们必须面对各种挑战和对手。这种竞争和冲突不仅存在于高水平竞技体育中,也贯穿于日常的健身和娱乐活动中。

第二,不同国家、地区和群体之间在体育资源分配上也存在冲突。体育资源的有限性导致了各国在争夺世界级运动员、赛事举办权和商业利益等方面的竞争。这种竞争往往会导致国家之间、地区之间的紧张关系和冲突。

第三,体育政治化和商业化也加剧了体育中的冲突。在某些情况下,政治势力会利用体育来展示自己的实力和影响力,商业利益也会对体育造成负面影响,导致一些运动员和组织卷入商业纠纷和利益冲突中。

第四,冲突理论也强调了社会冲突的正向功能。在体育中,冲突可以促进变革和发展,推动体育规则、制度和社会组织的改进和完善。通过冲突,我们可以更好地理解社会关系和权力结构,以及体育在社会中的作用和价值。

解决体育中的冲突需要采取多种策略和手段。

第一,加强国际合作和交流,促进各国之间在体育领域的合作和理解。

第二,推动体育规则和制度的公平性和透明度,确保所有运动员和队伍都能在平等公正的环境下竞争。

第三,加强运动员权益保护,防止商业利益对运动员的剥削和侵害。

总之，从冲突理论视角看，体育中存在各种形式的冲突，这些冲突既有负面的影响也有正向的功能。解决体育中的冲突需要采取多种策略和手段，包括加强国际合作、推动公平竞争和加强运动员权益保护等。通过这些努力，我们可以促进体育的健康发展和社会进步。

三、冲突理论的局限

（一）适用范围有限

冲突理论主要适用于宏观层面的社会冲突分析，对于微观层面的个人和群体行为解释力有限。这主要是因为其关注的是社会冲突这一特定领域，而社会现象是复杂多样的，不同领域和层面需要不同的理论工具进行分析。此外，冲突理论往往强调社会冲突的对立性和敌对性，对于社会整合和合作的可能性关注不够，这也限制了其适用范围。

在体育这一实际应用领域中，我们需要根据具体的体育现象和问题选择合适的理论工具进行分析。如果需要解释某一冲突和矛盾，冲突理论是一个重要的理论工具，但还要根据实际情况结合其他的理论工具，才能客观有效地进行解释和问题解决。体育是一种综合的、复杂的社会活动，含有文化、经济、政治等多重属性，冲突理论并不能完全解释所有的体育社会现象，这是一个基本的认识前提。我们要做的是，从多个角度全面客观地分析问题，以获得更加准确和深入的理解。

（二）对立性偏见

冲突理论往往强调社会冲突的对立性和敌对性，容易陷入冲突一方的立场或角度看待问题，无法全面客观地分析问题。

1. 对立性偏见的局限性

在解释体育现象时，冲突理论表现出的对立性偏见的局限性主要表现在以下几个方面。

（1）过度强调竞争和冲突。冲突理论往往过度强调体育中的竞争和冲突，而忽视了合作和友谊等积极的社会互动。体育的本质不仅仅是

第三章 多元社会学理论对体育的阐释

竞争和冲突,还包括团队合作、友谊和体育精神等方面。过度强调对立性和竞争性可能导致对体育的片面理解。

（2）忽视其他影响因素。冲突理论可能过于关注社会冲突和矛盾的方面,而忽视了其他影响体育发展的因素,如经济、文化、技术等。这些因素也对体育现象产生重要影响,需要综合考虑。

（3）刻板印象和偏见。冲突理论可能因为过于强调对立性和敌对性而产生刻板印象和偏见。这种偏见可能导致对某些群体或现象的误解和歧视,从而影响对体育现象的客观分析。

2. 克服局限性的措施

为了克服这些局限性,我们可以采取以下措施。

（1）综合运用多种理论工具。在分析体育现象时,可以综合运用多种理论工具,包括冲突理论、功能主义理论、符号互动理论等。通过综合运用这些理论工具,可以从多个角度全面客观地分析体育现象。

（2）关注合作与友谊。除了关注竞争和冲突外,还可以关注体育中的合作、友谊和团队建设等方面。这些方面同样是体育发展的重要组成部分,可以为体育发展提供正能量和动力。

（3）综合考虑各种影响因素。在分析体育现象时,需要综合考虑各种影响因素,包括社会、经济、文化和技术等方面。通过综合考虑这些因素,可以更全面地理解体育现象的本质和发展趋势。

（4）避免刻板印象和偏见。在分析体育现象时,需要避免刻板印象和偏见,尊重不同群体和个体的差异,以客观、公正的态度进行研究和探讨。

（三）过于强调冲突

1. 冲突理论忽视社会整合和合作的表现

冲突理论过于强调社会冲突的作用和功能,忽视了社会整合和合作的可能性,主要表现在以下几个方面。

（1）忽略其他社会因素。冲突理论在解释体育现象时,可能会过度关注冲突和竞争,而忽略其他重要的社会因素,如合作、友谊、团队精神和道德伦理等。这些因素在体育现象中同样起着重要的作用,并影响运动员、观众和整个社会对体育的认知和评价。

（2）偏重冲突的消极作用。冲突理论可能过于强调冲突的消极作用，如破坏、分裂和敌对等，而忽视冲突的积极作用，如促进变革、提高适应性和激发创新等。

（3）忽视冲突的调控和管理。冲突理论可能过于强调冲突的不可避免性和自然性，而忽视对冲突的调控和管理。在体育现象中，有效的冲突管理可以减少冲突的破坏性影响，促进其积极作用的发挥。

2. 克服局限性的措施

为了克服这些局限性，可以采取以下措施。

（1）关注冲突的积极作用。除了关注冲突的消极作用外，还可以关注冲突的积极作用。在体育现象中，冲突和竞争有时可以激发运动员的潜力，促进团队和个人的成长和发展。因此，在理解和分析冲突时，要充分认识到其积极作用。

（2）重视冲突的调控和管理。在分析和解决体育现象中的冲突时，重视对冲突的调控和管理。通过建立有效的沟通机制、促进公平竞争和加强运动员权益保护等措施，可以减少冲突的破坏性影响，促进其积极作用的发挥。

（3）全面理解体育现象。在分析体育现象时，全面理解其内涵和外延。除了关注竞争和冲突外，还需要关注合作、友谊、团队精神和道德伦理等方面。这些方面同样是体育发展的重要组成部分，可以帮助我们更全面地理解体育现象的本质和发展趋势。

（四）理论抽象度不够

尽管冲突理论是一种重要的社会学理论，对于理解社会现象、分析社会矛盾和冲突等方面具有一定的价值。但是，在解释一些体育现象时，反映出理论抽象度不够的局限，因此在应用时，还需要注意其适用范围和局限性，结合其他理论和方法，全面客观地分析问题。

1. 理论抽象度不够的表现

其具体的不足表现在以下几个方面。

（1）缺乏具体情境分析。冲突理论在解释体育现象时，可能过于抽象,缺乏对具体情境的分析。体育现象的发生和发展受到多种因素的影响,如文化、社会、政治和经济等。抽象的理论难以充分考虑这些具体因素,导致解释的准确性和实用性受限。

(2)忽视个体差异。冲突理论可能过于关注整体和普遍性,而忽视个体差异。不同个体在体育现象中的行为和反应是多样的,受其个人背景、价值观、情感和经验等因素的影响。抽象的理论难以全面考虑个体差异,难以对个体行为进行深入分析。

(3)难以操作化。冲突理论在解释体育现象时,可能难以操作化。也就是说,理论的概念和假设可能过于抽象,难以转化为具体的观察和测量指标,这使得理论在实证研究和应用方面受到限制。

2. 克服局限性的措施

为了克服这些局限性,可以采取以下措施。

(1)结合具体情境分析。在解释体育现象时,需要结合具体的情境进行分析。考虑文化、社会、政治和经济等具体因素对体育现象的影响,以增强解释的准确性和实用性。

(2)关注个体差异。除了关注整体和普遍性外,还需要关注个体差异。深入了解不同个体的背景、价值观、情感和经验等因素,以全面分析个体在体育现象中的行为和反应。

(3)促进理论操作化。努力将冲突理论的概念和假设转化为具体的观察和测量指标,促进理论的操作化,有助于增强理论的实证研究基础和应用价值。

(4)综合运用多种理论工具。在分析体育现象时,可以综合运用多种理论工具。

(五)缺乏对冲突解决机制的探讨

对于如何解决社会冲突、化解矛盾等议题,冲突理论还缺乏具体的解决机制和方案。传统的冲突理论往往侧重于描述和解释冲突的根源、表现和影响,但对于如何有效解决冲突、化解矛盾等方面的探讨相对较少。一些现代的冲突理论分支,如冲突管理理论,开始关注冲突的解决机制。这些理论更注重研究如何通过调解、协商、妥协等方式来解决冲突,减少其破坏性影响。然而,这些理论在体育领域的应用仍相对有限。

为了更全面地理解体育中的冲突现象,并找到有效的解决策略,需要进一步研究冲突解决机制在体育中的应用。包括探讨如何建立有效的沟通机制、促进公平竞争、加强运动员权益保护等方面,以减少体育中的冲突,促进和谐与稳定的发展。

第五节 布迪厄的体育观

法国思想家、社会学家布迪厄对体育有过专门的研究,尤其是对竞技体育与体育教育这两个与体育运动密切相关的社会领域的分析与论述,对后世有着深远的影响。本节主要介绍有关身体与场域、身体与惯习以及身体与资本,这直接反映了布迪厄的体育社会学研究思想的根本内容。

一、身体与场域

在布迪厄对于体育运动和体育教育的众多论述中,构建一个体育场域或竞技场域在认知层面占据重要地位。布迪厄认为,体育场域的形成并非孤立,而是根植于深厚的历史和社会土壤之中。深入剖析其论述,我们不难发现,身体在其中扮演了至关重要甚至是核心的角色。

谈及体育场域形成的历史条件,布迪厄虽赞同体育起源于近代英国的学说,但他对该学说进行了进一步的拓展和深化。在这一过程中,身体概念的引入尤为关键。身体既是历史作用的受体,又是历史作用得以展现的主体。可以说,在体育史的进程中,身体是历史的承载者和展现者。若失去了身体的核心地位,整个体育史将变得空洞,体育场域的形成也将失去其历史维度。

而当我们转向体育场域形成的另一维度——现实的社会条件时,布迪厄提出了"体育产品"的概念,试图通过一种类似经济的关系来解析体育场域中的互动。[①] 然而,从更深层次来看,这种类经济的"供需"关

---

① 高强.布迪厄体育社会学思想研究[M].北京:知识产权出版社,2014.

第三章 多元社会学理论对体育的阐释

系实际上是建立在身体基础之上的。身体在体育场域中的作用主要体现在体育产品的"供应"如何得以实现上。这种供应依赖于身体的两种共通作用：一是身体层面上的个体与个体、集体间的共通；二是身体层面上个体肉体与精神的共通。简而言之，正是身体使得体育场域中出现了真正意义上的交流和理解。

从对体育场域的研究中，我们可以清晰地看到身体概念对场域概念的关键性意义。这一意义在其他场域的研究中可能并不那么直接和明显，但在体育场域中却显得尤为突出和重要。

二、身体与资本

在布迪厄对体育运动与体育教育的深入论述中，资本这一概念以"体育产品"的分配方式和教育中文化资本的形式展现出来。特别是在探讨"体育产品"的分配时，布迪厄强调了资本与惯习之间的紧密关系。他认为，个体对不同资本的拥有程度，在很大程度上塑造了特定阶级和阶层的身体活动惯习，其中既包含了对体育运动的参与，也包含了对体育赛事的欣赏。

而在体育教育领域，文化资本则扮演了重要角色。它揭示了教育场域中常常被知识中立性所掩盖的专断和灌输特性，同时也凸显了教育过程对身体惯习和身体意识的塑造作用。

在布迪厄的体育观中，资本不仅是一个核心概念，更是一个桥梁，它连接了惯习与场域，也连接了身体与知识。尽管在体育语境中，资本更多地以体育资本的形式出现，但究其本质，体育资本仍然是一种身体资本，或者说是身体资本在体育场域中的具体展现。

通过在场域、惯习、资本这三个关键概念之间搭建桥梁，布迪厄成功地在体育领域中透析出了身体与这些概念的内在联系。可以说，布迪厄的体育观为我们理解身体在体育运动和体育教育中的角色，以及身体与社会结构、文化资本之间的互动关系，提供了独特的视角和深刻的见解。

三、身体与惯习

惯习是布迪厄学说的核心概念之一，其身体性特质尤为显著。在布迪厄的体育观念中,这种联系尤为明显,特别是在他深入探讨体育教育及个体运动参与的过程中。值得一提的是,这种惯习与身体的紧密关联,在其他社会场域的研究中往往难以显现。

(一)惯习的灌输性

布迪厄巧妙地将教育中知识的灌输性、强制性和隐蔽性融入惯习的概念中。这种灌输性使知识的特性得以充分展现。当我们将视线转向体育教育这一独特领域时,惯习的身体性特质变得尤为突出,使得研究者能够更深入地揭示隐藏于惯习中的身体元素。在现实层面上,惯习转化为一种关于身体的知识,如合理的、有助于提高运动能力或促进健康的运动方式、动作和姿势等。这些都需要运动员或学生在特定的体育教育或运动竞技环境中,以无意识的形式去实践。

(二)惯习阶级性在身体上的体现

布迪厄一直强调,不同的社会阶层和阶级拥有各自独特的惯习,这体现在服饰、饮食、作息习惯等多个方面。然而,这些惯习往往更多地在医学和保健学领域得到解释,往往归因于经济资本的不同,而并未与身体的主体性意义产生直接联系,因此身体的阶级性并未得到充分的体现。然而,在体育惯习的框架下,某一特定阶级对运动项目的选择和参与与其对该阶级自我身体的理解紧密相连。这种联系在参与体育运动的过程中,通过身体活动或装扮的方式得以直接展现。例如,工人阶层往往更偏爱身体接触性运动,而资产阶级则更倾向于非身体接触性运动,这种偏好差异正是惯习阶级性在身体上的具体体现。

第四章
不同体育类型的社会学分析与创新发展

　　社会上主流的体育类型包含竞技体育、社会体育和学校体育,它们分别代表了一个国家的专业竞技体育水平、体育教学和大众体育运动的发展情况,能反映出该国家的整体体育现状和未来发展前景。

第一节 竞技体育的社会学分析与创新发展

体育是人类文明进步的一个重要标志,竞技体育事业的发展规模和水平又是一个国家综合国力的重要体现,也是国家间文化交流的重要途径。

一、竞技体育的社会价值

竞技体育的社会价值是多方面的,这些价值相互交织、共同作用,为社会的和谐、稳定和发展提供了重要支撑。通过研究这些社会价值,也是未来进行创新发展的基本前提。

(一)促进社会文明进步

竞技体育是一种积极向上的文化现象,通过竞技体育赛事和活动,可以促进社会文明进步。竞技体育强调公正、公平、竞争、团结等价值观念,有助于推动社会道德风尚的提升和公民素质的提高。

(二)培养人的意志品质

竞技体育能够培养人的意志品质,包括毅力、顽强拼搏、敢于挑战等精神。通过竞技体育的训练和比赛,人们可以克服困难、挑战自我,培养不畏难、不服输的精神风貌。

(三)增强民族凝聚力和自豪感

竞技体育比赛具有很强的观赏性和情感共鸣能力,通过大型赛事如奥运会、世界杯等,可以激发民族凝聚力和自豪感。在比赛中获得胜利,

第四章 不同体育类型的社会学分析与创新发展

可以增强民族自信心和向心力,促进社会团结和稳定。

(四)提高身体素质和健康水平

竞技体育能够提高人们的身体素质和健康水平。通过参与竞技体育的锻炼和训练,可以增强人们的体质、提高免疫力、预防疾病等,有利于身体健康发展。

(五)促进经济发展和社会就业

竞技体育的发展能够促进经济的发展和社会就业。竞技体育产业的发展需要大量的人力、物力和财力投入,可以带动相关产业的发展,创造更多的就业机会和经济收益。

(六)展示国家综合实力

在国际赛事中取得优异成绩,能够展示一个国家的综合实力和国际地位。通过竞技体育比赛的胜利,可以提升国家的国际形象和影响力,增强国际地位和话语权。

二、国外竞技体育发展的特点

21世纪,体育事业的发展进入成熟期。在谋求个人身心全面发展的基础上,以竞争为主要手段,充分挖掘人体的运动潜能和不断突破技术极限,发展出高度成熟的竞技体育产业。当今世界,以美国、德国、日本为代表的几个国家,在竞技体育领域取得了不同程度的成功。从竞技体育社会学的角度对这些国家进行分析和研究,可以寻求一些积极信息为我国的体育发展提供借鉴,从而加速提高我国的竞技体育水平。

(一)美国

美国是当前世界竞技体育中的头号强国,几乎包揽了多项运动项目的多个奖牌。这样辉煌的战绩与其对体育的组织管理模式有着直接关系。美国是老牌的市场经济国家,美国政府没有专门的体育机构,也不参与体育政策制定,而是完全交给市场。于是让市场这只"看不见的手"充分地发挥作用,并培养出许多成熟的体育组织。通过研究可以发现,美国的竞技体育发展现状具有高度商业化、体育文化盛行、竞技体育实力强劲、体育组织高度自治、重视体育教育和青少年培养、职业体育与社区紧密相连等几个特点。

(二)德国

尽管只有 8400 多万的人口,但德国仍然是世界竞技体育领域中绝对的强者,比如在皮划艇、马术、足球等项目上一直居于领先地位。同时,德国在竞技体育、大众体育和学校体育方面都是领先的强国。正是这种全面的发展模式,成为捍卫德国体育强国位置不倒的重要因素。

(三)日本

日本是亚洲国家中在竞技体育发展方面较为成功的国家。日本竞技体育取得的成功主要是由于其政府采取了与其国家经济形式相适应的政府主导管理模式,这一模式在二战后令日本的竞技体育迅速崛起,尽管还远未到世界体育强国的程度,但是其在一些项目上居于世界领先地位。因此,对日本竞技体育的发展进行研究,对提高中国竞技体育的发展具有积极意义。

三、中国竞技体育发展的特点

(一)政府主导的发展模式

中国政府高度重视竞技体育的发展,将其视为国家综合实力的重要体现。政府通过制定和实施一系列政策措施,加大对竞技体育的投入,推动竞技体育的快速发展。

第四章　不同体育类型的社会学分析与创新发展

（二）竞技体育规模不断扩大

随着政府对竞技体育的重视和支持力度不断加大，中国竞技体育的规模也在不断扩大。各级各类体育赛事不断增多，运动员和教练员的数量和质量也在不断提高。

（三）竞技体育成绩显著

中国竞技体育在国内外赛场上取得了显著成绩。中国运动员在世界各大赛事中屡获佳绩，为国家争得了荣誉。同时，中国还积极备战奥运会等国际赛事，力争取得更好的成绩。

（四）多元化的人才培养模式

中国竞技体育采用多元化的人才培养模式，包括学校体育、业余体校、专业队等多种形式。这种多元化的培养模式为中国竞技体育提供了充足的人才储备，促进了竞技体育的快速发展。

（五）市场化程度不断提高

随着中国市场经济体制的不断完善，竞技体育的市场化程度也在不断提高。职业联赛、商业比赛等市场化运作模式逐渐成为中国竞技体育的重要组成部分，吸引了越来越多的关注和支持。

（六）社会参与度逐渐增强

随着中国社会对竞技体育的关注度和认知度不断提高，社会参与度也在逐渐增强。越来越多的企业和社会组织开始支持和参与竞技体育事业，为其发展提供了更多的资源和支持。

四、中国竞技体育的创新发展

中国竞技体育目前取得的成绩是飞跃式的进步,这在某种程度上得益于改革开放以来经济的快速发展,以及"举国体制"的强力推进。但是展望未来,要想在竞争激烈的国际竞技体育领域保持持续发展,必须大胆创新,寻找适应时代发展的新的路径。通过创新发展,可以提高我国竞技体育的国际竞争力和影响力,更好地满足人民群众对竞技体育的需求,推动我国由体育大国向体育强国的转变。

(一)制度创新

进行创新发展首先要从制度创新开始,完善竞技体育的体制和机制,科学处理政府和市场在竞技体育发展中的协同作用。推进竞技体育管理体制的改革,优化资源配置,提高竞技体育的运行效率和创新能力,具体包括转变政府职能、完善法律法规体系、建立多元化投入机制、改革赛事管理体制、加强国际交流与合作、建立科学评价体系、推动体育产业化和市场化几个方面。

(二)人才培养创新

加强竞技体育人才的培养,注重人才的多元化、专业化、国际化发展。优化竞技体育的人才结构,加强教练员、裁判员等专业技术人才的培养和引进,提高竞技体育的人才素质,比如建立完善的竞技体育人才培养体系、加强科技应用和创新能力培养等。

(三)科技应用创新

加强科技在竞技体育中的应用和创新,提高竞技体育的技术含量和竞争力。推进信息化、智能化技术在竞技体育训练、比赛等方面的应用,提高运动员的训练水平和比赛成绩。

第四章　不同体育类型的社会学分析与创新发展

（四）赛事运营创新

推进赛事运营的市场化和商业化，加强赛事的营销和推广，提高赛事的观赏性和品牌价值。探索新的赛事运营模式，吸引更多的社会资本和资源参与竞技体育赛事的运营和管理。

（五）国际交流创新

加强与国际竞技体育组织的交流与合作，积极参与国际赛事和活动，提高我国竞技体育的国际影响力和竞争力。学习借鉴国际先进经验，推动我国竞技体育的创新发展。

（六）社会参与创新

鼓励社会力量参与竞技体育的发展，发挥企业、社会组织和个人在竞技体育发展中的作用。创新社会参与方式，拓宽社会参与渠道，形成政府、市场和社会共同推动竞技体育发展的良好局面。

五、不同体育项目的社会学分析

（一）奥运项目

1. 足球

足球作为世界上最受欢迎的体育项目之一，其社会学意义深远。足球运动不仅是一项竞技活动，更是社会文化的反映。足球比赛中的团队合作、竞技对抗等元素，深刻地体现了人类社会中的竞争与合作关系。此外，足球还常常成为国家间交流和文化传播的桥梁，对于促进国际友好关系和文化交流具有积极作用。然而，足球运动中也存在一些问题，如球场暴力、种族歧视等，这些问题反映了社会中的不平等和冲突，需要引起关注和解决。

2. 篮球

篮球运动在社会学角度上也有着丰富的内涵。篮球运动强调团队合作和个人能力的结合,体现了现代社会中个体与集体之间的平衡。在篮球比赛中,球员们通过默契的配合和个人的努力,共同追求胜利,这种团队精神对于培养社会凝聚力和集体荣誉感具有重要意义。同时,篮球运动也反映了社会分层和阶级差异,不同社会阶层和不同经济条件的人们在参与篮球运动的机会和资源上存在差异,这需要社会公平和公正机制的保障。

3. 游泳

首先,游泳作为一种普及度极高的运动项目,其社会学意义体现在多个方面。从文化角度来看,游泳不仅是锻炼身体的方式,更是一种生活方式和文化符号。在炎热的夏季,游泳成为人们消暑娱乐的重要活动,泳池和海滩成为社交和休闲的场所。游泳运动的发展也反映了社会经济的发展和人们生活水平的提高。游泳运动在性别平等方面发挥了重要作用。相较于其他某些运动项目,游泳对于男性和女性来说相对平等,女性在游泳领域同样能够取得优异的成绩和突破。这有助于打破性别刻板印象,推动性别平等的进程。

其次,游泳运动还具有社会整合功能。无论是在学校、社区还是职业比赛中,游泳都是人们交流、互动和增进了解的平台。通过游泳比赛和活动,人们可以跨越年龄、性别、社会地位等差异,共同享受运动的乐趣,增进社会凝聚力和向心力。然而,游泳运动也存在一些社会学问题。例如,一些地区的游泳资源分配不均,导致一部分人无法享受到游泳带来的益处。同时,游泳运动的商业化也可能导致一些负面影响,如过度追求成绩、忽视运动员的身心健康等。

4. 田径

田径运动作为最古老的体育项目之一,其社会学意义同样深远。首先,田径运动是展示人类身体极限的舞台。通过短跑、长跑、跳跃、投掷等项目,人们可以挑战自己的身体极限,追求更高的成绩和荣誉。这体现了人类对于自我超越和进步的追求。在职业田径领域,优秀的运动员往往能够获得高额的奖金和赞助,成为社会的精英和偶像。然而,对于

第四章 不同体育类型的社会学分析与创新发展

大多数普通人来说,参与田径运动可能只是锻炼身体、享受运动的一种方式,无法获得同样的社会资源和机会。

在国际田径赛场上,运动员代表着自己的国家参赛,他们的成绩和荣誉往往与国家的形象和声誉紧密相连。因此,田径运动也成为国家间竞争和交流的重要平台。然而,田径运动也面临一些社会学挑战。例如,兴奋剂问题一直是田径领域的难题,这不仅损害了运动员的身心健康,也破坏了比赛的公平性和公正性。同时,田径运动的商业化也可能导致一些负面影响,如过度追求成绩、忽视运动员的长期发展等。

(二)非奥运项目

1. 武术

武术作为中国传统文化的瑰宝,在社会学意义上也有着独特的价值。武术不仅是一项体育运动,更是一种文化传承和精神体现。武术强调内外兼修、德艺双馨,体现了中国传统文化的精髓和价值观。通过武术的练习和传承,人们可以感受到中华民族的历史和文化底蕴,增强民族认同感和自豪感。然而,在现代社会中,武术面临着传承和发展的困境,需要寻找新的途径和方式来推广和普及。

2. 电子竞技

电子竞技作为新兴的体育项目,其社会学意义也不容忽视。电子竞技以互联网为平台,打破了地域和时间的限制,使得人们可以随时随地参与竞技活动。电子竞技的兴起反映了现代社会信息化、网络化的趋势,也体现了年轻人对于新兴事物的接受和追捧。电子竞技不仅为年轻人提供了展示自我和追求梦想的舞台,也为社会创造了新的经济价值和文化景观。然而,电子竞技也面临着一些问题,如网络暴力、沉迷游戏等,需要社会各方面的关注和引导。

第二节 社会体育的社会学分析与创新发展

一、社会体育的价值

社会体育也称为"群众体育"或"大众体育",是指人们自发组织、自愿参加的,以身体运动为基本手段,以增进身心健康为主要目的的体育活动。社会体育的参与者涵盖了各个年龄层次和不同职业背景的人群,其目的是促进人们的身心健康和社会和谐发展。社会体育通常是在闲暇时间进行的,形式多样,内容丰富,包括健身、健美、健心、娱乐、社交等多种目的。人们可以根据自己的兴趣和需求选择适合自己的运动项目和活动方式,这使得社会体育具有很强的自主性和个性。

(一)提高人民身体素质和健康水平

社会体育直接作用于广大人民群众,以群众参与的方式,促进身体健康和全面发展。通过参与社会体育活动,人们可以增强体质、提高免疫力、减少患病风险,提高生活质量。

提高人民身体素质和健康水平是一个复杂而多维度的任务,需要从多个方面入手。

1. 优化饮食结构

建立科学合理的饮食习惯,保证营养均衡。多摄入蔬菜水果,减少油腻食物和高热量食物的摄入,控制盐分和糖分的摄入量,避免暴饮暴食。同时,适量增加蛋白质和钙质的摄入,以满足身体的需求。

2. 增加体育锻炼

定期进行适量的体育锻炼可以提高身体素质和健康水平。建议根据个人情况选择适合自己的运动方式,如跑步、游泳、骑车、健身等。同

第四章 不同体育类型的社会学分析与创新发展

时,也可以参加各种团体活动,如瑜伽、舞蹈等,以增强社交互动和心理健康。

3. 保持良好作息

充足的睡眠和规律的作息有助于身体恢复和健康。建议成年人每天保证 7—8 小时的睡眠时间,并尽量保持规律的作息时间,避免熬夜和过度劳累。

4. 强化健康教育

通过学校、社区和媒体等渠道普及健康知识,提高人们的健康意识和自我保健能力。教育人们如何预防疾病,如何合理饮食和锻炼,以及如何应对心理压力等。

5. 完善医疗服务

提供全面、优质的医疗服务是提高人民健康水平的重要保障。加强基层医疗服务体系建设,提高基层医疗服务的可及性和质量。同时,加大对重大疾病的防治力度,提高医疗技术的水平和医疗服务的效率。

6. 营造健康环境

改善生活和工作环境,减少空气、水源和噪音等环境污染,提高生活质量和健康水平。加强城市规划和建设,推广绿色出行和低碳生活,营造宜居的健康环境。

(二)丰富人们的精神文化生活

社会体育涵盖各种运动项目和形式,满足不同年龄、性别和兴趣的人们的需求。通过参与社会体育活动,人们可以结交朋友、拓展社交圈,增进人与人之间的交流和互动,同时也能享受到运动带来的快乐和成就感。

1. 促进文化多样性和创新

尊重和保护各种文化传统和艺术形式,鼓励文化多样性和创新。支持艺术家和文化工作者创作和展示多样化的艺术作品,鼓励人们参与各种文化活动和艺术表达。

2. 加强公共文化服务

政府应该加大对公共文化服务的投入,建设覆盖全社会的公共文化服务体系。提供高质量的图书馆、博物馆、艺术馆、剧院等公共文化设施,以及丰富多彩的文化活动和节目,满足人们的精神文化需求。

3. 推广全民阅读

通过各种渠道和方式推广全民阅读,提高人们的阅读兴趣和阅读能力。建设公共图书馆、社区图书馆和数字图书馆,提供丰富的图书资源和舒适的阅读环境,鼓励人们多读书、读好书。

4. 促进旅游和文化融合

将旅游和文化有机融合,发展文化旅游产业。挖掘各地的文化资源和特色,打造具有地方特色的文化旅游线路和产品,提供丰富的文化体验和观赏机会,满足人们的精神文化需求。

5. 强化媒体素养教育

通过媒体素养教育提高人们对媒体信息的辨别能力和批判思维。教育人们正确使用媒体,避免过度依赖和沉迷于社交媒体等虚拟世界,保持对真实世界的关注和思考。

6. 增加社交互动和文化交流

通过各种社交活动和文化交流增加人们的社交互动和文化交流。支持民间组织和团体举办各种文化活动和节日庆典,鼓励人们参与其中,感受不同文化和艺术氛围,增强文化认同感和归属感。

(三)促进社会和谐稳定

社会体育具有广泛性和多样性的特点,能够满足不同层次、不同背景人们的需求。通过参与社会体育活动,人们可以相互了解、尊重和包容,增强社会的凝聚力和稳定性。

第四章　不同体育类型的社会学分析与创新发展

1. 加强社会公正和公平

建立健全的社会公正和公平机制,保障公民的基本权利和利益。在教育、就业、医疗、社保等方面提供公平的机会和待遇,减少社会不公和贫富差距,增强人民的获得感和幸福感。

2. 强化社区建设和发展

加强社区建设和发展,提高社区居民的归属感和凝聚力。建立健全的社区服务体系,提供方便快捷的服务和关怀。加强社区自治和参与,鼓励居民参与社区事务和决策,促进社区内部的和谐与稳定。

3. 推进法治建设

健全和完善法律法规体系,保障法律的公正和权威。加强法治宣传和教育,提高公民的法律意识和法治观念。严格执法,公正司法,维护社会公平正义,增强社会的法治化和有序化。

4. 加强公共安全和应急管理

建立健全的公共安全和应急管理体系,保障人民的生命财产安全。加强治安管理,打击违法犯罪行为,维护社会治安秩序。加强应急管理,提高应对自然灾害、事故灾难等突发事件的能力和效率。

5. 促进民族团结和宗教和谐

加强民族团结和宗教和谐,维护国家的统一和稳定。尊重各民族的文化传统和宗教信仰,促进民族间的交流与融合。加强民族区域自治和宗教事务管理,保障各民族的合法权益和宗教信仰自由。

6. 推动生态文明建设

加强生态文明建设,保护环境资源,实现可持续发展。推动绿色发展、循环发展和低碳发展,优化产业结构,推广清洁能源,减少环境污染。加强环境治理和生态修复,提高环境质量,为人民创造良好的生活和发展环境。

(四)传承和弘扬中华文化

社会体育作为一种特殊的文化载体,蕴含着深厚的文化内涵。其中,许多传统的民族体育项目不仅仅是一项运动,更是中华民族历史与文化底蕴的生动体现。这些体育项目融入了世代相传的智慧与技艺,通过参与这些活动,人们能够亲身感受并理解中华文化的独特魅力。

更重要的是,社会体育活动为人们提供了一个传承和弘扬中华文化的平台。在参与过程中,人们不仅锻炼了身体,更在潜移默化中加深了对中华文化的理解和认同。这种文化的传承与体验,无疑增强了人们的民族认同感和自豪感,使他们在享受运动乐趣的同时,也坚定了对传统文化的热爱与尊重。

因此,社会体育不仅是人们追求健康与快乐的一种方式,更是传承和弘扬中华文化的重要途径。通过参与社会体育活动,人们能够在运动中找到文化的根脉,增强民族凝聚力,共同书写中华文化的辉煌篇章。

(五)推动体育产业的发展

随着社会经济的蓬勃发展和人民生活水平的持续提升,体育产业在国民经济中的地位日益凸显,成为不可或缺的重要支柱。社会体育的蓬勃发展不仅能够拉动体育消费,进一步激活市场潜力,还能有效推动体育产业的全面升级,为国家经济发展注入源源不断的新动力。

具体而言,社会体育的发展促进了体育消费的快速增长。随着人们健康意识的增强和休闲方式的多样化,越来越多的人愿意投入更多的时间和金钱在体育锻炼和体育活动中,从而带动了体育消费市场的不断扩大。这不仅为体育用品制造、体育赛事运营等相关产业提供了广阔的发展空间,也为国家经济的稳定增长贡献了新的增长点。

社会体育的发展还推动了体育产业的创新升级。在市场竞争日益激烈的今天,体育产业需要不断推陈出新,以满足消费者日益多样化的需求。社会体育的普及和发展为体育产业的创新提供了广阔的舞台,推动了体育产品、服务和技术的不断更新升级,进一步提升了体育产业的竞争力和影响力。

第四章 不同体育类型的社会学分析与创新发展

二、国外社会体育发展的特点

通过研究国外社会体育发展成熟的国家,总结它们取得的成功经验,可以用于对中国进一步发展社会体育提供借鉴。以下是国外社会体育发展较为成功的国家所具有的特点。

（一）经济雄厚的社会背景

凡是社会体育发展领先的国家,无一不是经济蓬勃发展领先于世界的国家,这也再次证明社会经济与体育发展的内在联系。当经济发展到一定程度之后,社会体育就会取得飞跃式成长。具体的体现如下。

1. 经济快速发展

随着经济的发展,人们的生活水平得到了提高,有更多的可支配收入用于体育健身和休闲活动。同时,经济的发展也推动了体育产业的壮大,为大众体育的繁荣提供了更多的可能性。

2. 科技推动

科技的进步使得人们有更多机会参与到体育运动中。例如,智能健身器材、虚拟现实运动等新型科技为人们提供了更加丰富和个性化的运动体验。

3. 社会福利制度完善

许多国家的社会福利制度比较完善,人们有更多的时间和精力去参与体育运动。同时,政府对大众体育的重视和支持也推动了大众体育的发展。

4. 城市化进程加速

随着城市化进程的加速,城市人口数量不断增加,城市公共设施和体育设施的完善为大众体育的繁荣提供了基础条件。

5. 健康意识提高

随着健康意识的提高,越来越多的人认识到体育运动对身体健康的重要性,开始积极参与各种体育运动。

6. 文化和社交需求

体育运动不仅是锻炼身体的方式,也是人们社交和文化交流的平台。国外大众体育的发展满足了人们对于文化和社交的需求,拉动了人们的参与热情。

7. 教育水平提升

教育水平的提升使得人们更加重视体育教育和体育素质的培养,从而推动了大众体育的发展。

8. 政策和法规支持

政府对大众体育的政策和法规支持是推动其发展的重要力量。例如,建设公共体育设施、提供体育健身补贴等政策和措施能够鼓励更多人参与到体育运动中。

(二)"文明病"的蔓延求助于大众体育

"文明病"的蔓延确实在一定程度上促进了大众体育的发展。随着现代生活方式的改变,人们长时间久坐、缺乏运动,导致各种慢性疾病如肥胖、高血压、糖尿病等文明病发病率不断上升。这种趋势促使人们开始关注身体健康,寻求通过大众体育活动来改善身体状况。

大众体育作为一种健康的生活方式,能够帮助人们增强体质、提高免疫力、预防"文明病"的发生。通过参与体育运动,人们能够消耗多余的热量、增强心肺功能、促进新陈代谢,从而改善身体健康。此外,大众体育还能提供社交机会,增强社区凝聚力,促进社会和谐发展。

因此,"文明病"的蔓延促使人们更加重视大众体育的作用,积极参与体育运动,以保持身体健康。政府和社会也意识到大众体育对于公共卫生的重要价值,开始加大投入和支持力度,推动大众体育的普及和发展。

第四章 不同体育类型的社会学分析与创新发展

然而,面对"文明病"的蔓延,大众体育的发展仍需克服许多挑战。例如,如何针对不同年龄、性别和健康状况的人群制定科学合理的运动方案,如何提高大众体育活动的趣味性和吸引力,如何解决运动场地和设施不足;等等。

(三)大众体育是一种高尚的消遣娱乐手段

大众体育是一种高尚的消遣娱乐手段,它不仅有助于人们的身心健康,还能促进社会和谐发展。通过参与大众体育活动,人们能够释放压力、放松身心、享受运动带来的乐趣。大众体育的形式多样,可以根据个人兴趣和需求选择适合自己的运动项目,如跑步、游泳、瑜伽、足球等。

大众体育对于身心健康有很大的益处。适当的运动能够增强心肺功能,提高身体素质,有助于预防和治疗各种慢性疾病。同时,参与大众体育还能够改善心理健康,缓解焦虑和抑郁情绪,增强自信心和幸福感。

此外,大众体育还有助于促进社会和谐发展。通过参与体育运动,人们能够结交志同道合的朋友,形成健康的生活方式。大众体育活动还能够增强社区凝聚力,促进不同群体之间的交流和互动,减少社会矛盾和冲突。

政府和社会应该重视大众体育的发展,提供更多的公共运动设施和场地,鼓励人们积极参与体育运动。同时,应该加强对大众体育的宣传和教育,提高人们的健康意识和运动技能水平,推动大众体育的普及和发展。

(四)人口构成老龄化助力大众体育兴起

人口构成老龄化确实在一定程度上助力了大众体育的兴起。随着社会老龄化的趋势加剧,老年人口在总人口中的比例逐渐增加,这为大众体育的发展提供了更广阔的市场和空间。

老年人是大众体育的重要参与群体之一。随着年龄的增长,老年人的身体机能逐渐下降,慢性疾病发病率增加,他们更加关注身体健康和保健。参与大众体育活动能够帮助老年人增强体质、提高免疫力、预防疾病,提高生活质量。因此,老龄化社会的到来为大众体育提供了更多的参与者和消费者。

为了满足老年人的体育需求,政府和社会应该采取相应的措施来推动大众体育的发展。例如,建设适合老年人的公共体育设施、提供多样化的体育健身项目、加强老年人的体育教育和指导等。这些措施能够鼓励更多的老年人参与到大众体育活动中,享受运动带来的乐趣和益处。

此外,老龄化社会也为大众体育带来了新的机遇和挑战。老年人对于体育的需求和偏好与其他年龄群体有所不同,需要针对他们的特点和需求制定相应的运动方案和活动内容。同时,还需要加强大众体育的宣传和教育,提高老年人的健康意识和运动技能水平,帮助他们更好地参与体育运动。

三、中国社会体育的特点

中国社会体育在社会、经济等各种因素的影响下,表现出自身独有的特点,具体如下。

(一)多样性

中国社会体育形式多样,内容丰富。从活动的内容来看,既包括走路、慢跑、骑车、广场舞、太极拳、太极剑等一些简单运动,也包括有一定技术要求和战术配合要求的各种集体运动项目。从形式来看,它可以是现代体育的竞技体育项目,也可以是民族传统体育项目。

中国社会体育形式具有多种多样的选择,适合各种身体素质、文化水平和年龄阶段人群,因此,全面地提升了我国社会体育的发展。

(二)全民性

社会体育的参与对象覆盖面广泛,涉及全民。无论男女老少,都可以找到适合自己的运动方式,这使得社会体育成为促进人民健康、推动社会和谐发展的重要力量。其特点具体如下。

1. 广泛的参与对象

中国社会体育的参与者来自各行各业,各个年龄层次,男女老少皆

第四章 不同体育类型的社会学分析与创新发展

有。无论社会地位、职业如何,每个人都有机会参与社会体育活动。

2. 多样化的活动形式

社会体育活动种类繁多,形式多样,可以根据不同的需求和条件进行选择。同时,社会体育活动的开展方式也具有很大的灵活性,可以根据实际情况进行调整。

3. 自愿参与原则

社会体育基于自愿原则,不强制约束,由个人自主选择参加。这使得参与者能够更加积极地参与到社会体育活动中,并从中获得满足感。

4. 普遍的社会效益

社会体育的全民参与对于提高人民身体素质、增强人民身心健康具有显著的社会效益。它不仅能够促进个体的全面发展,还有助于提高整个社会的健康水平和生活质量。

5. 地域与组织多样性

中国地域辽阔,各地区在社会体育的组织和实施上存在一定的差异。同时,社会体育活动的开展也依赖于各种社会组织,如社区、学校、企事业单位等,这些组织在推动社会体育的全民参与中发挥着重要作用。

(三)自主性

中国社会体育以业余、自愿为原则,不具有强制性,完全是在自觉自愿的基础上组织和参与的。

1. 自主参与

社会体育以自愿、自主为原则,人们可以根据自己的兴趣和需求选择参与或不参与体育活动,不受强制或约束。这种自主参与的方式能够激发人们的积极性和主动性,提高参与者的满意度和忠诚度。

2. 自主选择

在社会体育活动中,参与者可以根据自己的喜好、身体条件、运动能力等因素自主选择适合自己的运动项目、运动方式、运动时间和运动强度。这种自主选择能够满足不同个体的个性化需求,提高运动的针对性和有效性。

3. 自主组织

社会体育活动的开展往往需要借助一定的组织形式,如社区体育俱乐部、体育协会、体育团体等。这些组织通常是由参与者自发组织形成的,具有很强的自主性和自治性。参与者可以根据自己的意愿和需求,自主决定组织的活动内容、活动形式、组织方式等,充分发挥个体的积极性和创造力。

4. 自主管理

在社会体育活动中,参与者往往需要承担一定的自我管理责任,如自我制订运动计划、自我监督运动过程、自我评估运动效果等。这种自主管理能够培养参与者的自我约束和自我管理能力,提高运动的自律性和可持续性。

5. 自主创新

在社会体育的发展过程中,参与者可以根据自己的经验和需求,提出新的运动项目、新的组织形式、新的管理方式等创新建议。这种自主创新能够推动社会体育的不断发展和完善,提高运动的活力和竞争力。

(四)健身与娱乐性

相较于竞技体育的高强度与竞技性,社会体育以其对身心健康的重视与娱乐性而独具特色,呈现出广泛的参与性和多样性。社会体育活动的形式丰富多样,适合不同年龄、性别和体质的人群参与,使得每个人都能在其中找到适合自己的运动方式。

参与社会体育活动,人们不仅能够通过锻炼提升身体素质,增强抵抗力,还能在运动中释放压力,舒缓紧张情绪。对于忙于工作和学习的

第四章 不同体育类型的社会学分析与创新发展

人们来说,社会体育是一种理想的放松方式,它能让人们在轻松愉快的氛围中享受运动的乐趣,达到身心和谐的状态。

此外,社会体育还具有社交功能,为人们提供了交流和互动的平台。通过参与各类社会体育活动,人们可以结识新朋友,拓宽社交圈子,增进彼此之间的了解和友谊。这种社交互动不仅有助于丰富人们的生活体验,也有助于构建更加和谐的社会环境。

(五)社会公益性

社会体育作为我国体育事业的重要组成部分,对我国体育事业的发展乃至社会主义精神文明建设都具有重要的现实意义和指导意义。比如,公共体育设施的免费或低收费。中国许多公共体育设施,如公园、广场等都配备了免费的健身器材,供市民免费使用,一些公共体育场馆也会实行低收费政策,使得广大市民能够更加方便、经济地参与到体育活动中。

另外,一些社会体育组织逐渐兴起,随着社会的发展,越来越多的社会体育组织涌现出来,这些组织以公益性为目标,开展各种形式的体育活动和赛事,为市民提供更多的体育参与机会。

体育明星参与公益活动。许多体育明星积极参与公益活动,通过自己的影响力和资源,为社会作出贡献,如捐款、义教等。

企业和社会团体的参与。一些企业和社会团体也积极参与到社会体育的公益事业中来,通过赞助、捐赠等方式支持公共体育设施的建设和各种公益性体育活动的开展。

四、中国社会体育的创新发展

(一)推动社会体育与竞技体育协调发展

在注重竞技体育发展的同时,加大对社会体育的投入和关注力度。加强公共体育设施建设,提高公共体育服务水平,满足人民群众多样化的体育需求。促进社会体育和竞技体育的协调发展,形成相互促进的良好格局。

（二）创新社会体育组织管理

加强社会体育组织建设，发挥其在组织、引导、服务社会体育活动方面的作用。鼓励和支持各类社会体育组织参与公共体育服务，提高社会体育组织的管理水平和专业化程度。创新社会体育组织的管理模式，推动其向社会化、市场化、专业化方向发展。

（三）促进社区体育发展

加强社区体育设施建设，提高社区体育服务水平。推动社区体育活动多样化、常态化，满足不同年龄层次、不同健康需求的社区居民的体育需求。加强社区体育与学校体育、单位体育的衔接与互动，形成覆盖全社会的体育活动网络。

（四）推动全民健身与健康融合发展

将全民健身与健康生活方式相结合，推动健康关口前移。通过科学健身、运动康复等手段，提高人民群众的健康水平和生活质量。加强全民健身与健康相关的宣传和教育，提高人民群众的健康意识和自我保健能力。

（五）促进社会体育产业创新发展

发挥市场机制作用，推动社会体育产业创新发展。鼓励和支持社会力量参与公共体育设施建设和运营，提供多样化的体育服务和产品。培育和壮大体育健身、体育旅游、体育传媒等新兴业态，满足人民群众多样化的消费需求。

（六）加强社会体育人才培养

加大社会体育人才培养的力度，提高社会体育从业人员的专业素质和服务水平。鼓励和支持高校开设社会体育相关专业，培养具备创新精神和实践能力的社会体育人才。加强对社会体育指导员、教练员、裁判员等专业技术人员的培训和管理,提高其专业能力和职业素养。

(七)加强国际交流与合作

积极参与国际社会体育事务,加强与国际先进的社会体育组织的交流与合作。学习借鉴国际先进的社会体育发展理念和经验,引进国际优秀的社会体育资源和人才。通过国际交流与合作,提升中国社会体育的国际影响力和竞争力。

(八)创新科技应用

加强科技在社会体育领域的应用和创新,提高社会体育的发展水平和效益。利用现代信息技术手段,推动社会体育管理信息化、智能化。鼓励使用科技手段开展科学健身指导、运动康复治疗、体质监测评估等工作,提高人民群众的健身效果和健康水平。

第三节 学校体育的社会学分析与创新发展

一、学校体育的基本价值

学校体育是指以在校学生为参与主体的体育活动,通过培养学生的体育兴趣、态度、习惯、知识和能力来增强学生的身体素质,培养学生的道德和意志品质,促进学生的身心健康。学校体育是教育的重要组成部分,是计划性、目的性、组织性较强的体育教育活动过程。其价值体现在以下几方面。

(一)促进学生身体健康

学校体育能够帮助学生养成良好的锻炼习惯,增强身体素质,提高免疫力,减少患病风险,为学生未来的健康打下坚实的基础。

(二)提高学生心理素质

学校体育能够促进学生心理健康发展,帮助学生缓解学习压力,增强自信心和意志力,培养团队协作精神和沟通能力。

(三)培养学生的体育兴趣和爱好

学校体育能够引导学生发现和培养自己的体育兴趣和爱好,帮助学生树立终身体育的观念,为未来的体育参与打下基础。

(四)传承和弘扬中华体育文化

学校体育中蕴含着丰富的文化内涵,许多传统民族体育项目都承载着中华民族的历史和文化底蕴。学校体育能够传承和弘扬中华体育文化,增强学生民族认同感和自豪感。

(五)推进学校素质教育

学校体育是学校素质教育的重要组成部分,能够促进学生德智体美劳全面发展,提高学生的综合素质和社会适应能力。

二、国外学校体育的发展现状

(一)美国

美国学校体育注重学生个性和兴趣的发展,开设了多种体育课程和活动,包括足球、篮球、游泳、田径等。同时,美国学校体育也注重学生身体素质和技能的测评和评估,为学生提供个性化的指导和建议。

第四章　不同体育类型的社会学分析与创新发展

（二）日本

日本学校体育注重学生身心健康和团队协作能力的培养，开设了多种体育课程和活动，包括柔道、剑道、排球等。同时，日本学校体育也注重学生自主性和创造性的培养，鼓励学生自主组织体育活动和比赛。

（三）德国

德国学校体育注重学生身体素质和技能的培养，开设了多种体育课程和活动，包括足球、篮球、体操等。同时，德国学校体育也注重学生实践能力和创新能力的培养，鼓励学生参与体育科技创新和实践活动。

（四）英国

英国学校体育注重学生健康素养的培养，开设了多种体育课程和活动，包括游泳、瑜伽、跑步等。同时，英国学校体育也注重学生自我管理和自我评价能力的培养，帮助学生养成良好的锻炼习惯和生活方式。

三、中国学校体育的发展现状

（一）政策支持力度不断加大

中国政府高度重视学校体育工作，制定了一系列政策措施，推动学校体育的普及和发展。例如，《"健康中国2030"规划纲要》《关于加强学校体育工作的意见》等文件的出台，为学校体育的发展提供了有力的政策支持。

（二）体育课程设置更加丰富多样

为了满足学生的多样化需求，中国学校体育的课程设置越来越丰富。除了传统的体育课程，如篮球、足球、排球等，还开设了游泳、瑜伽、太极拳等多种新兴体育课程,供学生自由选择。

(三)体育场地设施不断完善

随着政府和社会对学校体育的投入增加,中国学校的体育场地设施得到了不断完善。越来越多的学校建成了室内外体育场馆、游泳池、健身房等设施,为学生提供了更好的锻炼环境。

(四)体育师资力量不断壮大

为了提高学校体育的教学质量,中国政府采取了一系列措施,加强学校体育师资力量的培养和引进。例如,实施"卓越体育教师计划""引进高层次体育人才计划"等,提高了学校体育教师的教学水平和专业素养。

(五)学校体育赛事活动日益丰富

为了提高学生的体育竞技水平,培养学生的团队合作精神和竞争意识,中国学校体育赛事活动日益丰富。例如,全国学生运动会、全国青少年体育俱乐部联赛等赛事活动的举办,为学生提供了展示自己的舞台。

四、中国学校体育的创新发展

(一)个性化与差异化教学

学校体育应关注学生的个性化需求,实施差异化教学,以满足不同学生的发展需求。通过制订个性化的运动计划和训练方案,激发学生的运动兴趣和潜能,提高教学效果。

(二)科技与数字化手段的运用

借助科技手段和数字化工具,创新学校体育教学方式。例如,利用虚拟现实(VR)技术进行模拟训练、利用大数据和人工智能(AI)进行学生运动状态的监测和评估等,以提高教学和训练的科学性和准确性。

(三)融合多元体育文化

在体育教学中,注重融合多元体育文化,让学生了解不同体育项目和运动形式的背景和特点,拓宽学生的体育视野。通过开展跨项目、跨文化的体育教学,培养学生的综合素质和跨学科能力。

第四节　乡村体育的社会学分析与创新发展

一、乡村体育的社会价值

乡村体育的社会价值体现在多个方面,不仅有助于提升乡村居民的健康水平和生活质量,还能促进乡村文化的传承与发展,推动乡村经济的多元化发展,以及改善乡村基础设施。

(一)提升村镇居民的健康水平

体育活动还有助于形成健康的生活方式,为乡村振兴提供健康的人力资源保障。这种价值不仅体现在直接的生理健康改善上,还涉及心理健康、社会交往以及生活方式等多个层面。

第一,乡村体育活动为村镇居民提供了锻炼身体的平台。通过参与各类体育活动,居民们能够增强身体素质,提高抵抗力,减少疾病的发生。无论是简单的晨跑、散步,还是具有一定强度的篮球、足球等运动,都能有效促进身体新陈代谢,改善血液循环,从而保持身体健康。

第二,乡村体育有助于改善村镇居民的心理健康。体育活动能够释放压力,缓解焦虑,提升人们的幸福感和满足感。在乡村环境中,参与体育活动还能使人们更加亲近自然,享受宁静与和谐,进一步促进心理健康。

第三,乡村体育还是加强社会交往的重要途径。通过参与集体活动,居民们能够增进彼此之间的了解与信任,形成更加紧密的社区关系。这种社会交往不仅有助于提升居民的生活质量,还能增强社区的凝聚力和向心力。

第四,乡村体育还能引导村镇居民形成健康的生活方式。通过参与体育活动,居民们能够逐渐养成规律作息、合理饮食、适度运动等良好的生活习惯,从而进一步提高健康水平。

(二)体育是乡村文化的重要组成部分

通过举办各类体育赛事和文化活动,可以丰富乡村文化内涵,提升乡村文化品位,增强乡村居民的归属感和认同感。传统体育项目如太极拳、武术、传统民俗运动等,更是中华传统文化的重要载体,通过开展这些活动,可以传承和弘扬传统文化,增强农民的文化认同感和自豪感。

乡村体育作为乡村文化的重要组成部分,承载着丰富的文化内涵和历史底蕴,对于推动乡村文化的传承与发展、增强乡村文化的凝聚力和向心力具有重要意义。在乡村社会中,体育活动往往与当地的民俗风情、节庆活动等紧密结合,成为展示乡村文化特色的重要窗口。通过参与体育活动,人们能够更深入地了解和感受乡村文化的魅力,从而增强对乡村文化的认同感和归属感。

乡村体育有助于传承和弘扬乡村文化。许多乡村体育项目都蕴含着深厚的传统文化元素,如舞龙、舞狮、太极拳等,这些项目不仅具有健身功能,更是乡村文化的重要载体。通过参与这些体育活动,人们能够学习和传承乡村文化,使其得以延续和发展。

另外,乡村体育还能促进乡村文化的创新发展。在现代化的冲击下,乡村文化面临着新的挑战和机遇。通过引入现代体育元素和理念,乡村体育可以在保持传统特色的基础上实现创新和发展。这种创新发展不仅有助于提升乡村文化的吸引力和影响力,还能为乡村文化的传承注入新的活力。与此同时,乡村体育在推动乡村文化产业发展方面也具有积极作用。随着乡村振兴战略的深入实施,乡村文化产业逐渐成为推动乡村经济发展的新动力。乡村体育作为文化产业的重要组成部分,可以通过开发体育赛事、建设体育旅游基地等方式,推动乡村文化产业的快速发展。

第四章 不同体育类型的社会学分析与创新发展

(三)促进乡村经济的多元发展

体育活动和赛事的举办可以吸引城市游客前来参与,推动当地农产品销售,促进农村经济多元化发展。同时,体育旅游的结合也可以让更多人了解乡村风土人情,推动当地旅游业的繁荣。乡村体育不仅丰富了乡村的经济活动,还通过吸引游客、带动相关产业发展等方式,为乡村经济注入新的活力。

第一,乡村体育活动的开展有助于丰富乡村的经济活动内容。传统的乡村经济往往以农业为主,结构相对单一。而乡村体育的兴起,为乡村经济带来了新的增长点。通过举办体育赛事、文化节等活动,可以吸引更多的游客前来参与,带动当地的餐饮、住宿、交通等行业的发展,为乡村经济带来可观的收入。

第二,乡村体育产业的发展能够带动相关产业的兴起和壮大。随着乡村体育的不断发展,相关的体育器材、运动装备、健身器材等需求也会逐渐增加。这将促使相关产业的兴起和发展,为乡村经济提供更多的就业机会和经济增长点。同时,乡村体育还可以与乡村旅游、文化创意产业等相结合,形成产业链,推动乡村经济的多元化发展。

第三,乡村体育还有助于提升乡村的知名度和影响力。通过举办具有地方特色的体育赛事和文化活动,可以吸引更多的媒体关注和社会关注,提高乡村的知名度和美誉度。这将有助于吸引更多的游客和投资,推动乡村经济的持续发展。

第四,乡村体育的发展还能够促进乡村的基础设施建设。为了举办体育赛事和活动,乡村需要建设相应的体育场馆、健身路径等设施。这些设施的建设不仅为乡村体育提供了必要的条件,也为乡村经济的发展奠定了基础。同时,这些设施的建设还能够改善乡村的居住环境和生活条件,提高居民的生活质量。

(四)可以改善乡村基础设施

建设体育场馆、健身路径、运动场所等,不仅满足农民群众日常运动需求,还可以提高当地基础设施水平,改善乡村生活环境。这对提升乡村形象,吸引更多人前往乡村定居是非常有益的。因此,应大力推动乡村体育的发展,以助力乡村振兴。

乡村体育在改善乡村基础设施方面发挥着重要的作用,对于提升乡村居民的生活质量和推动乡村社会的整体发展具有重要意义。随着乡村体育的发展,其对促进体育设施的建设和完善有着显著作用,比如,随着乡村体育活动的蓬勃开展,越来越多的乡村开始重视体育设施的建设。这包括建设篮球场、足球场、乒乓球台等体育场地,以及配备相应的体育器材和设施。这些设施的建成,不仅为乡村居民提供了进行体育锻炼和比赛的场所,也丰富了他们的文化生活,提升了生活质量。

在此基础上,一些经济发达地区,在乡村体育发展的带动下,乡村基础设施也得到改善和升级。为了满足体育活动的需求,乡村需要不断完善道路、水电、通信等基础设施。例如,修建通往体育场馆的道路,确保交通便捷;加强水电供应,保障体育活动的正常进行;提升通信设施,方便信息的传递和交流。这些基础设施的改善,不仅为乡村体育的发展提供了有力保障,也为乡村居民的生活带来了更多便利。

近些年来,乡村环境也得到改善和美化。为了营造更好的体育活动环境,乡村会加强绿化、美化工作,提升整体环境品质。例如,在体育场馆周围种植花草树木,美化环境;加强垃圾处理和污水处理,保持环境整洁。这些举措不仅改善了乡村的体育环境,也为乡村居民创造了一个更加宜居的生活空间。另外,乡村体育的发展还有助于提升乡村的对外形象和吸引力。通过改善基础设施,乡村能够向外界展示其良好的形象和魅力,吸引更多的人前来参观、旅游和投资。这将为乡村带来更多的发展机遇和经济收益,推动乡村社会的整体进步。

二、国外乡村体育的发展现状

国外乡村体育的发展现状呈现出多样化和特色化的趋势。

乡村体育在各国都受到了不同程度的重视。一些国家将乡村体育作为推动乡村发展的重要手段,通过举办各类体育赛事和活动,提升乡村的知名度和吸引力,促进乡村经济和文化的发展。普遍看来,由于受到不同文化环境的影响,国外的乡村体育项目丰富多样。既有传统的民间体育项目,如印度的卡巴迪和泥地摔跤。这些项目在当地有着深厚的文化底蕴和群众基础;也有与正规运动会相似的项目,如赛跑和跳远等。这些项目不仅满足了乡村居民的健身需求,也丰富了他们的文化生活。

第四章　不同体育类型的社会学分析与创新发展

国外乡村体育的另一显著特点是村民的参与度普遍较高。越来越多的乡村居民开始关注体育健康，积极参与各类体育活动。一些国家还通过政策扶持和资金投入，加强乡村体育设施建设，提高乡村体育的普及率和水平。

在赛事组织方面，国外乡村体育也呈现出专业化和规范化的趋势。一些乡村体育赛事开始引入现代管理理念和运营手段，提高赛事的组织水平和影响力。同时，乡村体育也开始与旅游、文化等产业融合，形成多元化的乡村体育产业链。

三、中国乡村体育的发展现状

整体而言，我国的乡村体育发展较为滞后，但是随着乡村振兴以及竞技的持续发展，体育在乡村地区的发展也呈现出不同程度的发展。以下是我国乡村发展的主要特点。

（一）基础设施普遍落后

乡村体育基础设施建设不断完善，但总体上仍存在不足。近年来，随着国家对农村体育事业的重视和投入增加，乡村体育设施得到了一定的改善，包括体育场馆、健身路径等的建设。然而，相对于城市地区，乡村体育设施的数量和质量仍然存在较大差距，设施使用率也有待提高。

（二）体育水平整体较低

乡村体育活动的参与度逐渐提高，越来越多的乡村居民开始参与到体育活动中来。然而，由于历史、文化、经济等多方面的因素，乡村体育的参与度整体上仍然较低，缺乏足够的运动时间和场地。

（三）组织形式相对简单

乡村体育的组织形式和管理机制也在逐步完善。目前，乡村体育的组织形式主要包括群众自发组织和政府引导组织两种。群众自发组织缺乏有效的管理和指导，而政府引导组织则存在资金和人员不足的问题。因此,加强乡村体育的组织建设和管理机制创新是未来发展的关键。

(四)体育产业需要全速发展

在产业发展方面,乡村体育产业呈现出一定的市场潜力和发展前景。随着乡村振兴战略的实施和人们对健康生活的追求,乡村体育旅游、健身休闲等产业逐渐兴起。然而,乡村体育产业在发展过程中也面临着一些挑战,如资源开发不力、产品质量下降、专业人才匮乏等问题。

四、中国乡村体育的创新发展

(一)民间体育文化资源的创新

我国乡村民间体育文化资源的创新发展涉及多个方面,这些发展旨在激发乡村社会的活力,传承并弘扬传统文化,同时推动乡村经济的多元化发展。

1. 内容创新

针对农村地区的特点,开展一系列适合农民参与的体育项目。这些项目可以融合传统与现代元素,如设计农田体育活动,让农民在工作之余也能享受运动的乐趣。同时,引入现代科技手段和信息化技术,如建设体育设施和场馆,利用互联网和移动应用程序提供在线预约、教学视频等服务,方便农民参与体育活动。

2. 赛事创新

组织乡村体育赛事,如乡村马拉松、乡土足球联赛等,通过竞技的方式激发农民对体育的热情。这些赛事不仅能提高农民的体育参与度,还能带动当地经济的发展,促进乡村旅游业的兴起。

第四章 不同体育类型的社会学分析与创新发展

3. 文化融合

深入挖掘乡村民间体育的文化内涵,将其与乡村旅游、文化创意产业等相结合,打造具有地方特色的体育文化旅游品牌。通过举办体育文化活动、建设体育主题公园等方式,吸引游客前来体验,推动乡村文化的传播和交流。

4. 教育推广

将乡村民间体育项目纳入学校体育教学体系,通过开设相关课程、举办培训班等方式,培养青少年对乡村民间体育的兴趣和爱好。同时,加强乡村体育教师的培训,提高他们的教学水平和能力。

5. 产业开发

推动乡村民间体育与相关产业的融合发展,如开发体育用品、健身器材等产业链,打造乡村体育产业集群。通过引入市场机制,推动乡村民间体育产业的规模化、品牌化发展。

(二)乡村体育旅游的创新发展

我国乡村体育旅游的创新发展是一个多元且复杂的过程,它涉及旅游产品、服务、管理以及营销等多个层面的创新与优化。

1. 产品与服务创新

(1)产品多元化,结合乡村的自然风光、民俗文化和体育活动,设计丰富多样的体育旅游产品,如徒步旅行、乡村马拉松、山地自行车、垂钓、农家乐等,以满足不同游客的需求。

(2)服务品质提升,加强乡村体育旅游的服务质量,提供周到、细致的服务,如提供专业的体育指导、安全保障、饮食住宿等,让游客在享受体育活动的同时,也能感受到乡村的温馨与舒适。

2. 管理与运营创新

(1)引进先进管理理念,借鉴国内外成功的体育旅游管理经验,引入现代企业管理理念和方法,提高乡村体育旅游的运营效率和管理水平。

（2）加强协作与联动,与地方政府、旅游企业、体育组织等建立紧密的合作关系,形成合力,共同推动乡村体育旅游的发展。

3. 市场营销与品牌推广

（1）运用新媒体营销,充分利用互联网、社交媒体等新媒体平台,进行广泛的宣传和推广,提高乡村体育旅游的知名度和影响力。

（2）打造特色品牌,结合乡村的特色资源和文化,打造具有地方特色的体育旅游品牌,形成独特的竞争优势。

4. 可持续发展与生态保护

（1）注重生态保护,在开发乡村体育旅游的过程中,要充分考虑生态环境的保护,避免过度开发和破坏生态环境。

（2）促进社区参与,鼓励当地社区居民参与乡村体育旅游的开发和运营,提高他们的收入和生活水平,实现旅游与社区的共赢发展。

第五章
现代体育与社会现象的交叉渗透及其发展策略

　　现代体育的发展根植于社会发展进程之中,尤其与经济、文化、教育、传播有着非常深入的相互关联,它们彼此交叉、渗透,相互促进也互为制约,于是形成了现代社会文化的整体。本章将分别探讨它们之间的发展关系,以及在未来社会的重要发展策略。

第一节　现代体育与经济

体育从诞生的那一天开始,就受到社会经济的决定性影响。随着蒸汽机的发明以及工业革命的到来,人类社会生产力得到爆发式增长。这不仅带来了社会经济的快速发展,而且让大部分人从繁重的生产劳作中解脱出来。人们有了大量的闲暇时光,而这部分时间、精力和体力,需要找到合适的安放。于是,体育活动应运而生。体育是人类社会发展的产物,作为一种越来越重要的社会现象,它与经济、文化、教育等又发展出复杂且深入的相互影响的关系,并且对社会经济的发展起到重要的推动作用。

一、现代体育对经济的影响

进入现代社会以来,体育与经济之间的关系越来越复杂和多元,彼此形成了既互为促进也相互制约的关系,这种你中有我、我中有你的发展模式是体育社会学的研究内容之一,也是推动现代体育发展和创新探索过程中首先需要了解清楚的问题。

（一）体育产业的发展对经济增长的贡献

体育产业已经成为全球最大的产业之一,其产值在许多国家中都占据了相当大的比例。体育产业的发展对于经济增长的贡献主要体现在体育产品的生产、销售以及体育服务的提供等方面,这些活动创造了大量的就业机会,拉动了经济增长。

第五章 现代体育与社会现象的交叉渗透及其发展策略

1. 体育健身业对经济增长的刺激

（1）创造就业机会

随着体育健身行业的壮大,需要更多的人力来满足市场需求,包括健身教练、营养师、管理员、销售员、清洁工、设备维护人员等,从而创造了大量的就业机会。

（2）增加消费支出

人们参与健身活动需要购买健身器材、运动装备以及相关的营养品。这直接促进了消费支出的增加,推动了相关产业的发展。

（3）促进体育用品销售

随着健身人口的增加,对于体育用品的需求也相应增加,促进了各种健身器材、运动鞋、运动服装等体育用品的生产和销售。

（4）提升服务行业收入

健身人群在锻炼后可能需要餐饮、洗浴等配套服务。因此,体育健身业的发展也拉动了相关服务行业的收入增长。

（5）吸引投资

随着健身市场的不断扩大,吸引了越来越多的投资者进入。这不仅促进了体育健身业的发展,也为经济的增长注入了新的活力。

（6）促进健康产业的整体发展

体育健身作为健康产业的一部分,其发展也促进了其他相关健康产业的发展,如医疗保健、营养品行业等。

（7）提升城市形象和知名度

一些成功的健身中心或健身房可能成为一个城市的标志,吸引更多的人前来,从而提升城市的形象和知名度。

（8）提高劳动者素质与生产效率

通过参与体育健身,人们的身体素质得到提高,有助于提高工作效率和生产效益。同时,这也为社会培养了更健康、更有活力的劳动者。

2. 体育娱乐业对经济的积极影响

体育娱乐活动的开展,如体育赛事、嘉年华、演出等,直接带来了门票收入、广告赞助收入、商品销售收入等,这些都是对经济的直接贡献。

（1）消费带动效应

体育娱乐活动往往伴随着餐饮、住宿、交通等方面的消费,这些消费会直接推动相关行业的发展,进而刺激经济增长。

（2）税收贡献

体育娱乐业的发展能够带来税收的增加,政府可以利用这些税收进行基础设施建设和公共服务提升,进一步推动经济发展。

（3）投资吸引

成功的体育娱乐活动能够吸引大量的投资,包括赞助商、广告商、合作伙伴等,这些投资能够进一步推动经济的发展。

（4）品牌建设与推广

成功的体育娱乐活动能够提高城市的知名度,吸引更多的游客和投资者,从而促进城市的发展和品牌的推广。

（5）产业联动效应

体育娱乐业的发展能够与其他产业形成联动效应,如旅游、餐饮、酒店、广告等,这些产业的发展能够进一步促进经济的增长。

（6）社会效益

体育娱乐业的发展不仅能够带来经济效益,还能够带来社会效益,如提高人们的健康水平、增强社区凝聚力、丰富文化生活等,这些积极效益也会在一定程度上转化为经济效益。

（二）体育赛事的举办对经济的拉动

大型体育赛事,诸如奥运会、世界杯等,在举办时对经济的拉动作用尤为显著。这些赛事的筹备和举办往往需要投入大量资源用于基础设施建设,包括体育场馆、交通设施等。这些投资不仅直接促进了经济增长,还带动了相关产业链的发展,如建筑、制造业等。此外,大型体育赛事还能吸引全球媒体和观众的广泛关注,进而推动旅游、餐饮、酒店等相关产业的蓬勃发展,为当地经济注入新的活力。

随着体育产业的快速发展,体育职业化和商业化已成为一种必然趋势。职业化的体育比赛不仅提升了比赛的水平和观赏性,也吸引了大量观众的关注和参与。这些观众通过购买门票等方式直接为比赛贡献收入,进一步推动了体育产业的发展和壮大。同时,商业化的运作也为体育赛事提供了更多的资金支持和市场机会,促进了体育产业的多元化和国际化发展。

第五章　现代体育与社会现象的交叉渗透及其发展策略

（三）体育品牌的影响力对经济的推动

体育品牌的影响力已不仅局限于体育领域,更广泛渗透至商业合作层面,与众多企业携手共进。这些知名品牌通过与企业的紧密合作,巧妙地将体育精神与核心价值观传递给广大消费者,不仅提升了品牌的知名度和美誉度,更在无形中加深了消费者对品牌的情感认同。

这种影响力对经济的推动作用尤为显著。首先,体育品牌价值的提升成为推动经济发展的重要动力,为企业创造了巨大的商业价值。其次,品牌市场份额的扩大进一步增强了其市场竞争力,为企业赢得了更广阔的发展空间。最后,产品价格的上涨也在一定程度上反映了消费者对体育品牌的认可与信赖,为企业带来了更为丰厚的经济回报。

（四）体育旅游业开拓出新的经济增长点

竞技体育的蓬勃发展,带动了体育旅游业的发生和发展,并进而为经济增长做出突出的贡献。

1. 促进旅游业发展

体育旅游将体育和旅游两个领域相结合,为游客提供了独特的体验。通过参与各种体育活动,游客可以体验不同的文化和风景,从而促进旅游业的快速发展。

2. 创造一系列的就业机会

体育旅游业的发展需要大量的工作人员来满足游客的需求。从导游到体育设施的管理人员,再到餐饮、交通、酒店、翻译等一系列的就业机会。

3. 提升地方经济

体育旅游业的发展可以促进地方经济的增长。游客在当地的消费,如餐饮、住宿、交通等,都会为当地经济带来收入。同时,体育旅游也可以带动相关产业的发展,如运动装备、纪念品等。

4. 增强品牌知名度

通过举办大型体育赛事或特色体育活动,可以吸引大量媒体和游客的关注,从而提高城市的知名度和影响力。这不仅有助于推动当地经济的发展,还可以吸引更多的投资和人才。

5. 促进文化交流

体育旅游不仅是体育和旅游的结合,也是文化和历史的交融。游客在参与体育活动的同时,也可以了解当地的文化和历史,促进不同地区之间的文化交流。这又会带动和刺激更多的经济活动的发生。

因此,体育旅游业的发展对于经济增长的贡献是显而易见的。为了更好地发挥其潜力,需加强基础设施建设、提高服务质量、加强市场营销和品牌推广等方面的工作。

(五)体育的普及程度对经济的促进

随着人们健康意识的提高,体育的普及程度也越来越高。体育的普及不仅有助于提高人们的身体素质,还对经济发展起到了积极的促进作用。一方面,体育的普及带动了体育相关产品的消费,如运动装备、健身器材等;另一方面,体育的普及也促进了体育旅游、健身服务等产业的发展。另外,体育的普及必然会提高人们的身体素质水平,也为缓解人口老龄化、减少政府的医疗财政支出,以及提高社会生产力发挥重要的作用。

总之,现代体育已经成为全球经济体系中不可或缺的一部分,它对经济的贡献已经超越了体育领域本身。

二、经济对现代体育发展的影响

现代社会,良好的物质基础仍然是体育发展的基本前提。对于一个社会而言,这一物质基础不仅包括经济状况、经济发展水平,也包括经济制度。

第五章　现代体育与社会现象的交叉渗透及其发展策略

（一）经济状况决定体育发展的规模

经济状况对体育发展的规模起着决定性的作用。经济发展可以为体育发展提供物质技术条件和保障，同时又向体育提出新的需求。随着国家经济的成长，民众的生活水平得到了提高，同时也丰富了精神文化生活，对于体育运动也有了越来越多的投入。

一方面，经济状况决定了国家和社会对于体育事业发展的投入规模，也决定了群众积极参与体育活动、自愿投入体育消费的规模。另一方面，经济环境的特点也决定了体育产业市场发展的规模。

当然，除了经济状况外，体育发展的水平还受到政治、文化、教育、科技等多种因素的影响。例如，国家的政治需求决定了体育发展的性质；不同地区经济环境不同，经济发展水平不同，体育产业市场发展状况就不同。文化背景和传统影响了体育运动的形式和特点；教育水平决定了人们的体育知识和技能；科技发展则带来了新的训练方法和比赛规则。因此，在研究经济与体育的发展关系时，应具有更为广阔的视野。

但是无论如何，经济对体育的发展都具有直接的影响作用。一个社会的经济水平越高，人们对于体育的需求就越大，从而扩大了体育事业的发展规模。总的来说，经济状况是体育发展的基础和关键因素。

（二）经济制度决定体育意识形态

经济制度是社会生产关系的总和，它决定了社会的经济发展水平和财富积累方式。体育意识形态是人们对体育的价值观念、思想体系和心理认知的综合表现，受到社会文化、政治、教育等多种因素的影响。

经济制度对体育意识形态的影响主要体现在以下几个方面。

（1）经济发展水平决定了体育基础设施的建设和体育资源的投入，从而影响了人们对体育的认知和参与程度。例如，在经济发达国家，体育设施完备，体育资源丰富，人们对体育的认知程度较高，参与度也较高。

（2）经济制度决定了社会财富的分配方式，从而影响了人们对体育消费的观念和态度。例如，在市场经济体制下，体育产业的发展与市场需求密切相关，人们对体育消费的态度更加积极。

（3）经济制度也影响了人们对体育的价值观和认知。在资本主义社会，个人主义和功利主义价值观较为盛行，人们对体育的认知更倾向于追求个人成就和利益。而在社会主义社会，集体主义和公平竞争的价值观更为突出，人们对体育的认知更强调团队合作和公正竞赛。

总之，体育意识形态的形成并不仅仅取决于经济制度，还受到文化、教育、政治等多种因素的影响。例如，在不同的文化背景下，人们对体育的认知和价值观可能会有所不同。因此，经济制度对体育意识形态有一定的影响，但并不能完全决定体育意识形态。

（三）经济发展水平决定体育的结构和手段

经济发展水平对体育结构和手段的影响，体现在以下几方面：

首先，经济状况决定了体育事业发展的规模和速度。社会物质生产水平从根本上决定着体育运动发展的规模和速度，决定着体育事业内部的结构和比例。一个国家或地区的国内生产总值、国民平均收入等基本指标是体育运动发展的前提指标。

其次，经济环境的特点也影响了体育产业市场的发展规模。不同地区经济环境不同，经济发展水平不同，体育产业市场发展状况就不同。

最后，随着经济的发展，人们对体育的需求也会发生变化，从而影响体育的结构和手段。例如，在经济发展水平较低时，人们的体育锻炼主要追求身体健康、增强体质，而随着经济水平的提高，人们对体育的需求逐渐扩大，体育的结构和手段也发生了变化，形式多样的体育健身娱乐项目开始兴起。

总之，经济发展水平对体育的结构和手段有一定的影响，但并不是唯一的决定因素。要全面提升体育发展水平，需要综合考虑多种因素，并采取综合性的措施。

三、现代体育经济的发展策略

（一）加强体育产业政策支持

政府应出台相关政策，鼓励和扶持体育产业的发展，为其创造良好

第五章　现代体育与社会现象的交叉渗透及其发展策略

的政策环境和条件,促进体育经济的快速发展。同时,政府还需要加强对体育产业的监管和管理,规范市场秩序和经营行为,保障体育产业的健康有序发展。

1. 财政政策

政府可以通过财政政策来支持体育产业的发展。例如,加大对体育产业的财政投入,为体育企业提供财政补贴、税收优惠等政策,降低体育企业的经营成本,促进体育产业的发展。

2. 金融政策

政府可以引导金融机构为体育企业提供贷款、融资等金融服务,解决体育企业的资金问题,支持体育产业的快速发展。

3. 产业政策

政府可以制定相关的产业政策,鼓励和引导体育产业的发展方向。例如,优先发展新兴体育产业,推动体育产业的转型升级,提高体育产业的附加值和竞争力。

4. 市场政策

政府可以通过市场政策来促进体育产业的市场化改革。例如,推动体育场馆、赛事等资源的开放和市场化运作,提高体育市场的竞争力和活力。

5. 人才政策

政府可以制定相关的人才政策,吸引和培养优秀的体育产业人才。例如,为体育产业人才提供优厚的待遇和福利,建立完善的人才培养和引进机制。

(二)优化体育产业结构

1. 调整体育产业结构

推动体育产业向多元化、专业化、品牌化方向发展,提高体育产业的附加值和竞争力。加大对体育服务业、体育用品制造业等相关产业的支持力度，推动体育产业结构优化升级。同时，鼓励新兴体育产业的发展，培育新的经济增长点。

2. 加强体育产业科技创新

鼓励企业加大科技创新投入，推动体育产业与科技融合发展。例如，利用大数据、人工智能等技术手段提升体育产业的技术水平和服务质量。

3. 拓展体育消费市场

通过创新体育产品和服务，满足不同消费群体的需求，扩大体育消费市场，提高体育消费水平和层次。

4. 加强国际合作与交流

积极参与国际体育经济合作与交流，学习借鉴国际先进经验和技术，提高我国体育经济的国际影响力和竞争力。

（三）培育体育市场主体

积极培育具有国际竞争力的体育企业，打造具有品牌特色的体育产品和服务，提高企业的核心竞争力和市场占有率，具体包括以下几个方面。

1. 引导社会资本投入

政府可以通过引导社会资本投入，鼓励更多的企业进入体育产业领域，壮大体育市场主体规模。

2. 培育大型体育企业

通过资源整合、兼并重组等方式，培育一批具有国际竞争力的大型体育企业，提高体育产业的整体实力。

3. 支持中小体育企业发展

政府可以加大对中小体育企业的支持力度，帮助其解决融资、人才等方面的问题，促进其快速成长。

第五章 现代体育与社会现象的交叉渗透及其发展策略

4.推动体育品牌建设

鼓励企业加强品牌建设,打造具有特色的体育品牌,提高市场知名度和美誉度。

5.加强人才培养和引进

政府可以加大对体育产业人才的培养和引进力度,为体育市场主体提供充足的人力资源保障。

(四)拓展体育消费市场

1.丰富体育产品和服务

通过创新和多样化,提供更多符合消费者需求的体育产品和服务,满足不同年龄、性别、兴趣和消费水平的消费者需求。

2.提高消费者体育意识

通过教育和宣传,提高公众对体育的认知和兴趣,培养健康的体育消费观念和习惯。

3.优化消费环境

加强体育设施建设和运营,提高体育场馆、健身房、户外运动场所等的服务质量,为消费者提供更好的消费体验。

4.利用科技手段提升消费便利性

利用互联网、移动支付等科技手段,提供更加便捷的体育消费服务,如在线预订、移动支付等。

5.引导和刺激消费

通过促销、优惠、活动等方式,引导和刺激消费者进行体育消费。同时,可以与相关产业进行合作,实现互利共赢的局面。

6. 加强市场调研和分析

通过市场调研和分析，了解消费者的需求和偏好，为产品和服务开发提供依据，更好地满足市场需求。

（五）推动体育产业科技创新

推动体育产业的科技创新，需加大科研投入，如支持体育科研机构与高校开展合作，尤其是在应用领域加大研究力度。同时，还要敢于引进国外的先进技术和设备，或者与国际领先研究机构建立产学研合作机制，加强企业、高校和科研机构的合作。当然，这就涉及做好知识产权保护的工作，以保护创新成果和创新的积极性。

积极利用最先进的科技成果，包括但不限于大数据、云计算、人工智能等数字化技术，推动体育产业的数字化转型，建立智能化体育水平，提供技术咨询、成果转化、创业孵化等服务。

（六）加强国际合作与交流

1. 参加国际体育组织

积极参与国际体育组织，如国际奥委会、国际足联等，争取更多的话语权和参与机会。合作与交流是推动体育经济发展的重要措施之一。

2. 举办国际赛事

申办和举办国际赛事，如奥运会、世界杯等，提高国际知名度和影响力。通过国际合作与交流，可以引进国际先进的体育产业经验和技术，提高我国体育产业的国际影响力和竞争力。

（七）完善体育产业法律法规体系

1. 强化执法力度

加强对体育产业市场的监管和管理，加大执法力度，对违法行为进行严厉打击,维护市场秩序和公平竞争。

2. 建立健全的监督机制

建立健全的体育产业监督机制,对体育产业法律法规的执行情况进行监督和检查,确保法律法规得到有效执行。

3. 加强普法宣传教育

加强体育产业法律法规的普法宣传教育,提高体育产业从业人员的法律意识和素养,促使其自觉遵守法律法规。

4. 建立体育产业纠纷解决机制

建立体育产业纠纷解决机制,为各方提供便捷、高效的纠纷解决途径,保障各方合法权益。

第二节 现代体育与文化

体育是文化的重要组成部分,受到文化的影响和塑造。进入现代社会,体育成为反映社会文化的一面镜子,通过体育活动可以看到一个社会的价值观、信仰、传统、习俗等文化特征。体育也是社会文化的传承和发展的重要途径。研究现代体育的发展,必然是建立在对文化的正确理解之上的。

一、文化对现代体育的影响

文化对现代体育的影响是多方面的,这些影响相互作用,共同塑造了现代体育的多样性和丰富性,具体体现在以下几个方面。

(1)塑造体育价值观。文化对体育的价值观有深远影响。在不同的文化背景下,人们对体育的认知和价值取向会有所不同。例如,东方文化注重体育的道德和精神层面,而西方文化则更注重体育的竞技和娱乐性。

（2）影响体育参与模式。文化对人们的体育参与模式产生影响。例如，某些文化背景下的人们可能更倾向于集体性体育活动，而另一些文化背景下的人们可能更喜欢个人运动。

（3）推动体育技术创新。文化中的创新和探索精神可以推动体育技术的不断发展。例如，运动装备的改进、训练方法的革新以及比赛规则的调整等，都受到科技发展的影响。

（4）促进体育产业发展。文化产业的发展可以带动体育产业的进步。例如，电影、电视和其他媒体形式的普及可以扩大人们对体育的兴趣和需求，从而促进体育产业的发展。

（5）影响体育赛事组织和规则。文化的差异会影响体育赛事的组织和规则。例如，西方体育赛事通常注重个人竞争和得分，而东方体育赛事则更注重集体主义和协作。

二、现代体育文化的发展策略

（一）推动全球化发展

在全球化的背景下，应积极推动体育文化的交流与合作，吸收世界各地的优秀体育文化元素，丰富和发展本国体育文化。各国之间应加强在体育领域的交流与合作，共同举办国际赛事、学术研讨会等活动，促进体育文化的传播和交流。通过国际体育赛事、体育明星等资源，推广国际体育品牌，提高全球范围内对体育的关注度和参与度。支持跨国体育产业的发展，如跨国体育俱乐部、跨国赛事等，促进体育产业的全球化发展。

建立国际性的体育组织机构，制定国际性的体育规则和标准，推动全球范围内的体育事业发展。加强国际的体育旅游合作，开发具有特色的体育旅游产品，吸引全球游客参与，促进国际的交流与合作。加强国际体育媒体的传播能力，提高体育赛事的全球覆盖率，让更多的人了解和参与到体育活动中来。加强国际化体育人才的培养，提高他们的跨文化交流能力，为全球范围内的体育事业发展提供人才支持。

第五章 现代体育与社会现象的交叉渗透及其发展策略

(二)注重人文发展

体育文化应注重满足人民群众的生存与发展需求,实现人民的最高价值需求,体现人文本质和人文精神。在体育活动中,尊重参与者的个体差异,包括身体条件、技能水平、兴趣爱好等。提供多样化的活动形式和内容,以满足不同个体的需求。在集体项目中,注重培养参与者的团队协作精神,教导他们相互信任、尊重和支持,以达到共同的目标。在体育活动中,倡导公平竞争的原则,教导参与者遵守规则、尊重对手、诚信参赛,培养良好的体育道德风尚。同样地,应关注参与者的身心健康,提供适当的锻炼强度和休息时间,防止运动损伤和过度疲劳。同时,关注参与者的心理健康,提供必要的心理支持和辅导。通过体育活动,培养参与者积极的生活方式和健康的生活习惯,如合理饮食、规律作息、良好的卫生习惯等。

(三)坚持科学化发展方向

在发展的过程中要符合当代科学精神,通过对科学知识和科学技术的不断吸收,使体育文化朝着科学化的方向发展。现代体育,一般是相对古代体育、近代体育而言的。但有的学者将近代体育直接划归现代体育,理由是中文的"近代"和"现代"在英文里都同样译为 modern,并且认为更重要的是在鸦片战争以后,中国社会和中国体育也已经开始了它们艰难的现代化之路。因此,也可以说现代体育是相对古代体育而言的。

坚持科学化发展方向是实现中华民族伟大复兴的必由之路。党的十八大以来,习近平总书记关于体育的重要论述深刻揭示了社会主义现代化事业与新时代群众体育的关系,明确了新时代我国群众体育的发展方向,为做好新时代群众体育工作提供了根本遵循。我们要以习近平新时代中国特色社会主义思想为指导,全面贯彻落实党的二十大精神,深刻领悟"两个确立"的决定性意义,增强"四个意识"、坚定"四个自信"、做到"两个维护",紧紧围绕高质量发展这个目标,牢牢把握举旗帜、聚民心、育新人、兴文化、展形象的使命任务,坚持以人民为中心的工作导向,以促进人的全面发展为目标,以满足广大人民群众日益增长的健身和健康需求为出发点和落脚点,落实全民健身国家战略,不断提高公共体育服务水平,构建更高水平的全民健身公共服务体系,提高大众的健康素养和生活品质,不断推进全体人民共同富裕取得更为明显的实质性进展。

(四)加强与大众的互动

通过普及和推广体育文化,提高大众的体育意识和参与度,形成良好的体育文化氛围。体育文化的基础在于社会大众,因此,加强与大众的互动对发展体育文化非常重要。比如,组织各种体育活动,如社区运动会、亲子运动会等,让大众有机会亲身参与其中,感受体育的乐趣。利用社交媒体平台,如微信、微博等,与大众进行线上互动,发布体育资讯、活动信息等,增强与大众的沟通和交流。组织公益活动,如体育知识讲座、健康讲座等,提高大众的体育素养和健康意识,同时也可以增加与大众的互动。组织体验式活动,如体育器材试用、健身课程等,让大众亲身体验体育的乐趣和益处,增加对体育的了解和兴趣。建立反馈机制,收集大众对体育活动的意见和建议,不断改进和优化活动内容和形式,提高大众的满意度和参与度。

(五)发展休闲体育

休闲体育是现代社会体育文化的重要组成部分,发展休闲体育有助于满足人民的精神文化需求,促进身心健康。对此,政府和社会组织应增加公共休闲体育设施的投资和建设,如公园、健身房、游泳池等,为大众提供更多的休闲体育场所和设施。通过媒体、宣传等多种渠道,推广休闲体育理念,提高大众对休闲体育的认识和重视程度,鼓励更多人参与到休闲体育活动中来。举办各种休闲体育活动,如户外拓展、攀岩、漂流等,吸引大众参与,增强休闲体育的趣味性和吸引力。加强休闲体育人才的培养,提高休闲体育从业人员的专业素质和服务水平,为大众提供更好的休闲体育服务。

另外,加强国际交流与合作,学习借鉴国外休闲体育发展的成功经验,推动我国休闲体育事业的发展。

（六）培养体育文化人才

培养体育文化人才是指通过教育和培训,培养一批具备体育文化素养和技能的人才,为体育文化的发展提供人才保障。应该从基础教育开始,在中小学阶段,加强体育课程的教学质量,培养学生的体育兴趣和基本技能,为学生未来的体育发展打下坚实的基础。在高等教育阶段,开设体育相关专业,如体育管理、体育教育、运动训练等,培养具有专业知识和技能的体育人才。为学生提供实践机会,如实习、志愿服务等,让他们在实际工作中积累经验,提高自己的综合素质。

另外,应加强鼓励学生参与国际体育交流活动,如国际比赛、学术研讨会等,拓宽视野,学习借鉴国际先进经验。鼓励学生在体育领域进行创新探索,培养他们的创新思维和实践能力,为体育事业的发展注入新的活力。对体育教师的专业培训也不容忽视,使他们能够更好地向学生传授知识和技能。

第三节 现代体育与教育

当前,现代体育与教育之间的联系比以往任何时代都更为紧密。当代社会体育已经成为教育的重要组成部分,是培养人才全面发展的重要途径之一。体育的质量还决定着对未来社会的道德水平、审美水平的塑造。因此,研究现代体育与教育的关系和影响是社会发展建设的重要前提。

一、现代体育对教育的影响

（一）体育是德、智、美三育的物质基础

1. 体育是德育的重要前提

德育注重培养学生的道德品质和行为习惯,而体育则通过身体锻炼

和竞技活动,培养学生的团队协作、自律、毅力和拼搏精神等品质,这些品质是德育教育的重要内容。因此,体育对于培养学生的道德品质和行为习惯具有基础性作用。

2. 体育是智育的重要支持

智育注重学生的知识传授和智力发展,而体育则通过身体锻炼和竞技活动,提高学生的身体素质和健康水平,为学生的智力发展提供必要的身体基础。同时,体育活动中的团队协作和沟通等能力,也是学生未来工作和学习中必备的技能。

3. 体育也是美育的重要载体

美育注重学生的审美能力和艺术修养的培养,而体育则通过优美的动作、协调的姿态和富有激情的竞技活动,培养学生的审美意识和艺术修养。此外,体育还可以通过运动训练和比赛,提高学生的自信心和表现力,进一步丰富学生的艺术内涵。

总之,体育作为德、智、美三育的物质基础,不仅在德育方面发挥着重要作用,还在智育和美育方面提供了必要的支持和载体。因此,我们应该充分认识体育在教育中的地位和作用,注重体育课程的设置和教学质量的提高,促进学生的全面发展。

(二)体育对德育的作用

1. 体育能够培养学生的品德和道德素养

在体育活动中,学生需要遵循规则、尊重对手、团结协作等,这些要求有助于培养学生的道德意识和行为习惯,提高学生的道德素养。

2. 体育能够增强学生的意志品质和毅力

体育活动需要学生付出较大的努力和毅力,面对困难和挑战时需要坚持不懈、勇往直前,这些品质有助于提高学生的意志品质和毅力。

3. 体育能够促进学生的身心健康和全面发展

通过体育活动,学生可以锻炼身体、增强体质,同时也可以缓解压力、调节情绪,有助于学生的身心健康。体育还可以培养学生的团队协作、沟通交流等能力,有助于学生的全面发展。

4. 体育可以培养学生的爱国情感

体育还可以通过一些特殊的活动形式培养学生的爱国精神和集体荣誉感。比如,运动会、团体操等集体项目可以让学生更加关注集体的荣誉和利益,增强学生的集体主义精神和爱国精神。

(三)体育对智育的作用

1. 体育活动能够促进大脑的发育

体育活动能够刺激大脑的神经元,增加神经突触的数量,从而提高大脑的认知和学习能力。研究表明,长期参与体育运动的学生在智力测试中表现更好,而且在学习和工作中更容易集中注意力。

2. 体育活动能够提高记忆力

通过体育运动,学生需要学习各种技能和动作,这些技能和动作需要反复练习才能熟练掌握。在这个过程中,学生需要不断回忆和巩固所学的内容,这有助于提高他们的记忆力。

3. 体育活动能够培养思维能力

在体育活动中,学生需要掌握战略、战术和技巧,这些都需要学生具备一定的思维能力。通过分析和判断对手的动向和战术,学生可以提高自己的思维能力和决策能力。

4. 体育活动能够提供放松和缓解压力的机会

长时间的学习和工作会导致大脑疲劳,而参与体育运动可以帮助学生放松身心,缓解压力,从而更好地投入学习和工作中。

因此,应该注重体育在教育中的地位和作用,充分发挥体育的智育功能,为学生提供更加全面的教育服务。

（四）体育对美育的作用

1. 体育可以塑造学生的形体美

通过合理的运动,可以改善学生的身体形态,使其肌肉发达、举止大方、青春焕发、体形匀称健美。

2. 体育可以提升学生的精神美

体育运动具有进取、竞争、对抗、承担负荷、战胜艰难困苦和经受胜败考验等特点,可以锻炼人的思想、意志和道德品质,提升人的精神境界。

3. 体育可以展现技巧美

在体育中,精湛的技巧与身体美、精神美交相辉映,形成一个体育健儿的完美形象。这些运动中的技巧、战术,能够诱发学生对技巧美的向往,使他们产生模仿的欲望。

4. 体育具有创新的功能

首先,体育教育培养学生创新思维。体育运动需要学生思维敏捷,注重策略和判断力。比如,在团队运动比赛中,学生需要根据场上形势做出及时的决策,寻找突破对手的方式。这要求学生具备独立思考和创新解决问题的能力。体育教育通过培养学生的观察力、判断力和应变能力,促进他们形成积极的创新思维。

其次,体育教育激发学生的创新潜能。体育运动不仅需要学生具备基本的技术能力,还需要他们在实践中不断尝试、创新。体育教育提供了学生展示才华和创造力的平台。例如,在创造舞蹈动作的过程中,学生必须利用自己的创意和想象力,创造出独特的舞蹈动作。这种锻炼帮助学生挖掘和发展自己的创新潜能,激发他们在其他学科领域中的创造力。

二、教育对现代体育的影响

教育是一个多方面、多层次、多形态、多因素、多类别的社会现象。它不仅包括学校教育,还包括家庭教育、社会教育等不同领域,以及教育实践活动和教育政策法规、教育思想理论等不同形态。因此,教育是一个复杂的社会现象,其对体育的影响需要综合全面的认识。

(一)推广体育知识和技能

教育系统通过体育课和体育活动,向学生传授体育知识和技能,培养他们的体育素养和运动能力。这种教育方式有助于提高学生对体育的认识和参与度。

(二)培养体育精神和道德观念

教育不仅仅是教授知识和技能,还包括培养学生的道德观念和精神品质。在体育教育中,学生可以学习到团队合作、拼搏精神、尊重规则等体育精神和道德观念。

(三)促进身心健康和社会适应能力

参与体育活动对学生而言,无疑是一种全面而深刻的教育方式。通过体育锻炼,学生的身体机能得到了显著提升,不仅增强了体质,还提高了免疫力,使他们能够更好地应对日常生活和学习中的挑战。同时,体育活动也是提高学生身心健康水平的有效途径。运动能够释放压力,缓解焦虑,有助于学生保持良好的心理状态,从而更好地面对未来的挑战。

体育活动在培养学生的社会适应能力方面同样发挥着重要作用。在团队运动中,学生学会了与他人合作,共同追求目标,这有助于培养他们的团队合作精神和集体荣誉感。在竞技比赛中,学生需要与他人沟通,理解对方的意图,寻找解决问题的最佳方案,这有助于提升他们的沟通能力和解决问题的能力。

这些能力在学生未来的生活和工作中具有极其重要的价值。无论是团队合作、沟通协调还是解决问题,都是现代社会中不可或缺的基本素养。通过参与体育活动,学生能够在实践中不断提升这些能力,为未来的职业生涯奠定坚实的基础。

(四)提供体育人才储备

经过体育教育与系统训练,教育系统能够孕育出杰出的体育人才,他们不仅能为国家与社会的繁荣进步贡献力量,还能显著增强国家在国际体育赛事中的竞技实力,彰显国家体育事业的蓬勃发展。由于现代教育的理论与各种教学手段的不断提升,对促进人才的培养、储备都具有积极意义。

另外,现代教育还强调学生的多元化发展,体育教育是其中的重要途径之一。通过参与体育活动,学生可以发展出丰富的兴趣,锻炼了多项体育技能,提高个人的综合素质和竞争力。并且,通过体育教育,能够全面激发学生潜力,包括对精神品质、人际交往、社会适应等方面的锻炼,这些都有效弥补了其他文化教学中缺少的部分。

(五)提高社会对体育的关注度

随着教育的普及和提高,社会对体育的关注度也在不断提高。这有助于推动体育事业的发展,提高人们的健康水平和生活质量。通过学校和家庭教育,人们可以了解到体育的基本知识和技能,认识到体育在促进身心健康、提高生活质量方面的重要性。这种认识水平的提高将促使更多人关注和参与体育活动。在校园中,学生可以挖掘自己的体育兴趣和潜力,培养长期进行体育活动的习惯。

另外,教育还起到弘扬体育精神的作用,从而提高社会对体育的认同感和关注度,促进更为丰富的社会交流与合作活动。通过参与体育活动,人们可以增进彼此之间的了解和友谊,形成更加和谐的社会氛围。

(六)影响体育产业的发展

教育系统中的体育相关专业和课程可以为体育产业提供人才支持。

第五章　现代体育与社会现象的交叉渗透及其发展策略

随着体育产业的不断发展,对专业人才的需求也越来越高。教育系统通过培养相关人才,可以促进体育产业的发展。

三、现代体育教育的发展策略

现代体育教育的发展策略应以更新教育理念为先导,对师资建设、教学方法和手段,以及教学模式等进行系统的完善和革新,不断提高体育教育的质量和水平,为培养德智体美全面发展的社会主义建设者和接班人做出更大的贡献。

(一)更新教育理念

树立"健康第一"的教育理念,注重培养学生的体育兴趣和锻炼习惯,提高学生的体育素养和健康水平。同时,应加强终身体育教育,鼓励学生自主锻炼和持续参与体育活动。

(二)完善课程设置

在课程设置上,应结合学生的身心发展特点,合理安排不同年级和不同性别的体育课程内容,注重课程内容的科学性和系统性。同时,应增加选修课程和特色课程,满足学生的个性化需求。

(三)创新教学方法

采用多样化的教学方法,如情境教学、游戏教学、合作学习等,激发学生的学习热情和积极性。同时,应注重学生的个体差异和不同需求,采用分层教学和个性化辅导等方式,提高教学质量。

(四)加强师资队伍建设

提高体育教师的专业素养和教学能力,加强师资队伍的培训和管理。同时,应鼓励教师进行教学研究和改革创新,不断探索适合现代教育发展的体育教学新模式。

（五）完善评价体系

建立科学合理的评价体系,注重过程评价和结果评价的有机结合,完善评价标准和评价方式。同时,应加强学生自评和互评的比重,引导学生自我反思和自我管理。

（六）推进信息化教育

利用信息技术手段,推进体育教育的信息化和数字化。建立体育教学资源库、在线课程平台和智能教学系统等,为学生提供更加便捷和高效的体育学习资源和服务。

（七）强化学校和社会协同育人

加强学校与社会的联系与合作,充分利用社会资源为体育教育服务。鼓励社会力量参与体育教育改革和发展,形成学校、家庭、社会三位一体的育人格局,共同促进学生的全面发展和健康成长。

第四节　现代体育与传媒

现代体育与传媒之间存在着密切的关系,它们之间相互促进、相互发展。传媒在体育的传播和发展中起到了重要的支持和推动作用,而体育也成为传媒报道的支柱性内容,丰富了传媒报道的维度,增强了其精彩程度。随着科技的进步和人们对体育的需求不断增加,现代体育与传媒之间的联系也将更加紧密,并共同促进现代社会的强劲发展。

第五章 现代体育与社会现象的交叉渗透及其发展策略

一、现代体育对传媒的影响

（一）丰富了传媒的内容品质

现代体育为传媒提供了丰富的报道内容,这是最突出的影响之一。体育赛事具有高度的观赏性和激烈竞争性,吸引了大量观众的关注,因此成为媒体报道的重要内容之一。体育赛事的报道能够吸引更多的受众,提高媒体的知名度、影响力和经济收益。比如通过对重要体育赛事的报道和转播,以广告、赞助等方式,媒体能够获得可观的商业收入,从而支持媒体的运营和发展。此外,体育产业的商业价值也为媒体提供了更多的商业机会。

（二）促进传媒技术创新

传媒为了提供更好的观看体验、更高效的报道方式,满足人们对体育赛事的实时报道和高清画面的需求,以及增强媒体受众的黏度,不断推出新的技术和设备,如高清转播技术、无人机拍摄等。这些技术创新推动着传媒行业的持续进步。

（三）促进竞争与发展

体育赛事的报道需要媒体之间的竞争和创新。为了吸引更多的观众和抢占市场份额,媒体需要提供更加优质的报道内容和观看体验。这种竞争促进了媒体的不断加强自身的竞争力,提高了行业的整体水平。

二、传媒对现代体育的影响

（一）传播信息与文化

传媒是体育信息传播的主要渠道,通过报纸、杂志、电视、网络等媒体,人们可以及时获取各种体育赛事的信息、运动员的动态、体育政策的发布等内容。这不仅满足了人们对体育信息的需求,也传播了体育文化和价值观,推动了体育知识的普及。

现代体育已经成为全球性的文化现象,通过媒体的传播,体育赛事和运动员的形象及影响力得以在全球范围内传播。这有助于推动全球文化的交流和互动,增强不同国家和民族之间的相互了解和友谊,让更多的民族体育有机会被更多人认识,并在世界范围内传播和发展。

（二）促进体育产业的发展

传媒对体育的广泛传播和报道,增加了人们对体育的兴趣和参与度,推动了体育消费市场的扩大。同时,传媒也通过广告、赞助等方式为体育产业带来了巨大的商业价值,进一步促进了体育市场的发展。

（三）塑造运动员形象

传媒通过新闻报道、采访、纪录片等形式,将运动员的生活、训练和比赛呈现给观众,塑造了他们的形象和品牌。这不仅有助于提高运动员的知名度和影响力,也为他们带来了商业机会和广告赞助。

（四）影响舆论和价值观

传媒通过报道和评论,引导公众对体育事件和人物的看法和评价。尤其在社交媒体时代,网民的意见和评论对舆论的影响力越来越大,这也对体育界产生了很大的影响。

（五）推动体育创新和技术进步

随着科技的进步,传媒技术在体育传播中发挥着越来越重要的作用。高清转播技术、无人机拍摄、VR/AR 技术等为观众带来了更加沉浸式的观看体验,也推动了体育赛事组织和转播的创新。

第五章　现代体育与社会现象的交叉渗透及其发展策略

（六）提升体育的社会地位

通过广泛的报道和传播，体育在社会中的地位逐渐提升，越来越多的人开始关注和参与体育运动。同时，传媒也让更多的人了解到了体育在社会文化、教育、健康等方面的价值和功能。

（七）监督和规范体育行为

传媒对体育赛事和运动员的报道，有助于公众了解比赛规则和道德标准，并对违规行为进行舆论监督。这在一定程度上促使体育界更加规范和公正地运作，提高了体育比赛的公信力。

总之，传媒在现代体育的发展中起到了重要的作用。它不仅传播信息、普及知识、促进产业发展，还塑造形象、引导舆论、推动创新和技术进步。然而，传媒对体育的影响并非都是积极的，也存在一些负面影响，如过度商业化和娱乐化、不实报道和炒作等。

三、现代体育传媒的发展策略

（一）整合资源，跨界合作

体育传媒可以整合内外部资源，拓展产业链，如开展体育赛事运营、体育营销、体育培训等业务。这样可以实现多元化经营，提高盈利能力，增强市场竞争力。体育传媒还可以与其他行业进行跨界合作，实现资源共享和优势互补。通过跨界合作，可以开拓新的市场和业务领域，提高品牌知名度和市场份额。

另外，现代体育传媒可以利用新技术和新媒体平台，创新报道形式，如直播、短视频、互动问答等。通过多样化的报道形式，提高观众的参与度和黏性，增加媒体流量和影响力。

（二）提升内容质量

体育传媒应注重内容质量的提升，培养专业素养高的采编团队，提高报道的专业性和可信度。同时，加强内容审核和把关，确保报道的真实性和客观性。

（三）拓展报道内容

除了传统的体育新闻报道，现代体育传媒可以拓展报道内容，关注更多领域，如体育产业、体育科技、体育文化等。这样可以满足观众多样化的需求，提高媒体的品牌影响力和市场竞争力。

（四）加强深度报道

现代体育传媒应该注重深度报道，挖掘体育事件背后的故事和意义，提供深入、专业的分析。这样可以提高媒体内容的品质和价值，吸引更多高端受众。

（五）注重社会责任与公益

体育传媒应注重履行社会责任，积极参与公益事业。通过履行社会责任和参与公益事业，可以提高媒体的公信力和形象，赢得社会各界的认可和尊重。媒体的社会责任始终是其最重要的使命，现代体育在发展过程中，应该注重传媒的责任感，并发挥出应有的公益功能。

（六）强化品牌建设

体育传媒应强化品牌建设，打造具有影响力的品牌形象。通过品牌建设，可以提高媒体的品牌价值和市场影响力，提升媒体在市场中的竞争力和地位。通过品牌打造与维护，能够在竞争激烈的传媒市场中获得更多的机会，参与和承揽更多的重要体育赛事活动。

第五节 现代体育与政治

一、体育的政治属性

体育的政治属性体现为体育与政治之间的紧密联系和相互作用。体育作为一种社会现象,其发展过程不可避免地与政治产生联系。体育不仅是一个简单的竞技活动,也是一个政治性的活动。运动员们可以通过参加比赛来展示自己的政治理念,并向公众传达自己对国家和政府的支持。在一些重大事件中,体育也会发挥重要作用。

体育的政治属性体现在多个方面。

首先,体育与政治价值理念之间存在重合和一致。体育所追求的公平竞争、团结合作等理念与良好的政治目标相一致。这些价值理念在体育比赛中得到体现,同时也反映了社会的政治氛围和价值观。

其次,体育在国际关系中扮演着重要角色。竞技体育成为国际斗争、外交活动的一种工具。通过体育比赛,不同国家之间可以增进友谊、加强合作,也可以通过竞争展示国家的实力和形象。体育比赛成为国家间交流的重要平台,有助于推动国际关系的和谐发展。

再次,体育的政治属性还体现在政府对体育事业的管理和投入上。政府通过制定体育政策、建设体育设施、举办大型体育赛事等方式,推动体育事业的发展。同时,政府也利用体育来凝聚人心、宣传和推广自己的政治主张。

最后,需要注意的是,体育的政治属性并不意味着体育应该被政治所完全操控或利用。体育应该保持其独立性和自主性,以公平竞争、健康发展为目标。同时,也应该警惕将体育过度政治化或利用体育进行不当的政治操作的行为。

二、体育在国际政治中的功能

体育在国际政治中发挥着多方面的功能,自体育诞生以来,就开始在国际关系之间承担起某种独特的连接。在当前全球化的背景下,以及各国之间风云变幻的复杂关系,更加能凸显出体育的价值。

(一)体育成为国家和提升国际地位的重要平台

通过承办大型体育赛事、取得优异成绩以及展现独特的民族文化,国家可以向世界展示其综合实力和民族魅力。这不仅有助于增强国家的国际影响力,还可以提升国民的自豪感和凝聚力。

(二)体育的政治宣传与教育作用

体育活动具有广泛的普及度和群众性,因此成为政府进行政治宣传和教育的重要手段。通过体育比赛和活动的组织,政府可以向公众传递政治理念、价值观念和社会规范,从而引导社会舆论和塑造国家形象。

(三)体育提供了有利的外交机遇

运动员在国际比赛中往往被视为国家的代表,他们通过与其他国家选手的接触和交流,可以展示国家的政治立场和态度,加深与他国人民的友谊。这种非正式的交流方式有时能够比正式外交渠道更有效地推动国家间的合作和互动。因此,体育还能够促进不同国家、不同文化背景下的人们进行交流和互动。这种交流有助于增进相互理解、缓解矛盾冲突,为国际关系的和谐发展创造有利条件。

三、重要国际体育赛事与国际政治的关系

重要国际体育赛事与国际政治之间存在着紧密而复杂的关系。这种关系体现在多个方面,包括政治对体育赛事的影响、体育赛事对政治格局的塑造以及体育赛事作为外交手段的运用等。

第五章　现代体育与社会现象的交叉渗透及其发展策略

（一）政治因素与国际体育赛事申办的关系

政府通过体育展示国家形象、加强国家软实力、吸引国际注意力等。体育赛事的举办往往涉及国家间的竞争与合作，政治力量在其中发挥着重要作用。政治家们借助体育赛事这一平台，展示国家的实力、团结和进步，以争取国际社会的认可和支持。

（二）重要国际体育赛事对政治格局的影响

体育赛事作为国际交流的重要平台，有助于促进国家之间的友好关系和合作。通过共同参与体育赛事，不同国家之间可以增进相互了解、缓解矛盾冲突，为国际关系的和谐发展创造有利条件。同时，体育赛事也成为国家间竞争和较量的舞台，有时甚至会引发政治争端和冲突。

（三）重要国际体育赛事也是一种外交手段

政治家们通过参与和举办体育赛事，与其他国家进行交流和互动，以推动国家间的合作和增进友谊。体育赛事成为国家间建立外交关系、缓解紧张局势、解决争端的重要途径之一。

然而，需要指出的是，体育与政治之间应该保持一定的独立性和自主性。体育应该以其独特的价值理念和发展规律为基础，避免被过度政治化或沦为政治斗争的工具。同时，我们也应该警惕将体育赛事作为单一的政治手段来追求政治目的的行为，以免损害体育的纯粹性和公正性。

第六节　现代体育与体育群体

一、体育群体

（一）体育群体的概念

体育群体是指以某种体育目的为共同追求的目标，而自发地或人为地组织起来的，成员对某种体育活动或某种体育手段具有强烈而稳定的兴趣，以体育实践为共同的基本活动方式，具有结构性特征的小群体。它的主要特征包括以体育为共同目标，以身体运动为群体成员的基本活动方式，群体成员受体育规则的制约，对某种体育项目或手段具有强烈而稳定的兴趣，具有较强的凝聚力和共存性，并开展对外竞赛活动，内部具有分工或分层。

按构成体育群体的原则和方式，可分为正式体育群体和非正式体育群体。正式体育群体是指，以体育活动为主要特征，根据特定的规范建立起来的得到政府认可和批准的体育群体，主要指经过政府社会团体管理机构批准注册的体育社会组织和由政府体育部门负责管理的体育群体组织。非正式体育群体则是指以体育活动为共同特征自发组织的具有一定组织结构的体育群体，形成的原因既不是行政命令和部署，也不是有关的社会体育组织的促成，而是社会民众出于兴趣和爱好、自觉自愿、自由组成的群体，其组织结构较为松散，进出较为自由方便。

无论是正式还是非正式体育群体，它们都在人们的生活中扮演着重要的角色，推动体育事业的发展，增强人们的身心健康，促进社会和谐与进步。

第五章 现代体育与社会现象的交叉渗透及其发展策略

（二）体育群体的类别

体育群体可以按照多种方式进行分类,如按照年龄、性别、兴趣、社会关系、体育活动性质等。

1. 正式群体和非正式群体

正式群体是具有一定的章程,有特定的组织程序,得到社会的明确承认的体育群体,如学校里的班级、学校和厂矿企业的业余运动队等。非正式群体则是在体育实践中自然形成的,相对较为松散,常以人们的爱好、兴趣、友谊和感情为出发点,如各种健身娱乐群体大多属于这种类型。

2. 基础群体和功能群体

基础群体指以血缘关系或地缘关系为基础组织起来的群体,如家庭、邻里、街道、村镇的体育爱好者群体。功能群体则指为了达到特定的体育目的而专门组织起来的群体,如学校的体育代表队、居民社区的太极拳辅导站等。

3. 按照体育活动性质分类

一般地,按照体育活动性质可以将体育群体划分为体育学习群体、竞技体育群体和健身娱乐群体。体育学习群体主要承担教育和社会化功能,由教师、教练和青少年共同组成;竞技体育群体则以参加运动训练和比赛,提高运动技术水平,以取胜为目的,以自愿为原则,人为地有计划地组织起来;健身娱乐群体则是以参加保健娱乐,提高健康水平,支配余暇时间为目的,相对较为松散的一种体育群体。

4. 社会体育中最常见的分类

以体育社会学的常用研究视角,一般可以分为青少年群体、老年群体、妇女群体、残疾人群体等几个类别。

二、青少年体育社会学分析

青少年体育社会学分析主要探讨青少年参与体育活动背后的社会因素、影响及其意义。

(一)社会背景与体育参与

青少年的体育参与往往受到其所处社会背景的影响。家庭、学校、社区等环境因素都在塑造青少年的体育习惯。例如,家庭的经济条件可能决定了青少年能否参与某些高成本的体育活动;学校的体育教育政策则可能影响青少年对体育的认知和态度;而社区体育设施的完善程度则直接关系到青少年参与体育的便利性。

(二)社会化与体育角色

通过参与体育活动,青少年不仅锻炼身体,还在过程中进行社会化学习。他们学习团队合作、遵守规则、尊重他人等社会规范,并逐渐形成自己的体育角色。这些角色可能包括运动员、教练、观众等,每种角色都带有特定的社会期望和行为规范。

(三)身份认同与体育归属

体育活动为青少年提供了身份认同和归属感的重要途径。通过参与团队运动,青少年可以体验到集体荣誉和归属感;通过展现出色的运动技能,他们也可以获得个人成就感和自信心。这些经历有助于青少年形成积极的自我认同和社会认同。

(四)体育与社会不平等

体育社会学也关注体育领域中的社会不平等问题。例如,不同社会经济地位的青少年在体育资源获取方面可能存在差异;性别刻板印象也可能影响男女青少年在体育领域的机会和待遇。这些问题反映了社会结构对青少年体育参与的制约和影响。

（五）体育文化与价值观

体育文化和价值观在青少年体育参与中起着重要作用。不同的体育项目代表着不同的文化传统和价值观，青少年在参与这些项目时也在接受和传承这些文化。同时，体育活动也是青少年展示个人价值观和社会责任感的重要平台。

三、老年人体育社会学分析

老年人体育社会学分析是一个深入探讨老年人参与体育活动与社会互动、健康状况、生活方式等方面关系的学科领域。

（一）社会参与与体育活动

随着年龄的增长，老年人面临着社会角色的转变和社交网络的重组。体育活动成为他们重新融入社会、扩大社交圈子的重要途径。通过参与集体运动、健身操、太极拳等体育活动，老年人能够结识新朋友，建立新的社交关系，增强社会归属感。

（二）健康状况与体育锻炼

体育锻炼对老年人的健康状况具有积极的影响。规律的体育活动可以提高老年人的心肺功能、增强肌肉力量、改善身体柔韧性，有助于预防和治疗慢性疾病，如心血管疾病、糖尿病等。此外，体育锻炼还能改善老年人的心理健康状况，减轻焦虑和抑郁情绪，提高生活质量。

（三）生活方式与体育习惯

老年人的生活方式和体育习惯密切相关。那些拥有健康生活方式，如合理饮食、充足睡眠、定期锻炼的老年人，往往能够保持更好的身体状态和精神状态。相反,缺乏体育锻炼、生活不规律的老年人则更容易出现健康问题。因此,培养老年人良好的体育习惯和生活方式对于促进他们的身心健康具有重要意义。

(四)体育政策与社会支持

政府的体育政策和社会支持对老年人参与体育活动具有重要影响。政策层面的支持和投入,如建设适合老年人锻炼的体育设施、提供体育活动的组织和管理服务、开展体育健康宣传等,能够有效促进老年人参与体育活动。同时,家庭成员、社区组织等社会支持也是老年人参与体育活动的重要动力。

(五)文化差异与体育参与

老年人的体育参与也受到文化差异的影响。不同文化背景下的老年人对体育活动的认知、态度和参与方式可能存在差异。因此,在制定和推广老年人体育活动时,需要充分考虑文化因素,确保活动符合老年人的需求和期望。

四、女性的体育社会学分析

(一)群体特征

在我国,年轻女性已经成为体育消费和体育参与的主力军。她们对自身外貌的要求更高,因此在塑身型体育消费方面的支出更大。此外,年轻女性参与体育消费的方式也更加多样,不仅关注竞技体育,还积极参与各类体育活动和健身娱乐。

(二)观赏性体育消费

越来越多的年轻女性,特别是 80 后、90 后和 00 后,逐渐成为竞技体育的忠实观众。很多运动员的球迷后援会的主力军也基本以女性为主,这些运动员对年轻女性的吸引力极大,她们愿意为运动员进行消费,如购买带有运动员信息的体育杂志或买票观看比赛。

(三)动机与情感宣泄

女性进行观赏性体育消费时的动机往往不是对某项项目技术的追求,更多的是为了宣泄自己的情感。体育对于她们来说,不仅是锻炼身体的方式,也是释放压力、寻找情感寄托的途径。

(四)性别与社会角色

在体育领域,女性仍然面临一定的性别不平等。从历史和社会文化的角度看,女性参与体育运动的机会和资源相对较少,受到的鼓励和表扬也不如男性。这在一定程度上限制了女性在体育领域的发展和参与。

(五)国际差异

不同国家的女性在参与体育运动方面也存在差异,这主要受到各国社会结构、文化背景和价值观的影响。在一些国家,女性参与体育运动的机会更多,受到的支持也更大,而在一些传统观念较重的地区,女性参与体育仍然面临一定的挑战。

五、残疾人群体体育社会学分析

残疾人的体育社会学分析是一个复杂而重要的议题,它涉及残疾人群体在社会中的地位、权益、参与程度以及体育对他们生活的影响等多个方面。

(一)社会地位与权益

残疾人群体在社会中往往面临诸多挑战,包括社会偏见、歧视以及机会不平等。体育运动作为一种社会现象,为残疾人提供了一个展示自我、挑战自我、超越自我的平台。通过参与体育,残疾人能够提升自我认同,增强自信心,进而提升社会地位。

体育活动的参与也是残疾人权益保障的重要体现。随着社会对残疾人权益的日益关注,越来越多的残疾人体育设施、赛事和活动得到支持和推广,为残疾人提供了更多的参与机会。

(二)社会融入与互动

体育运动具有促进社会融入的功能。通过参与体育活动,残疾人能够与其他社会成员建立联系,增进相互理解,打破社会隔阂。这有助于减少社会对残疾人的偏见和歧视,促进社会的和谐与包容。

体育活动也为残疾人提供了与他人互动、交流的平台。在运动中,他们可以分享经验、学习技能、建立友谊,从而丰富自己的生活体验。

(三)身心健康与康复

体育运动对残疾人的身心健康具有积极的影响。通过锻炼,残疾人可以提高身体机能,提高生活质量。体育训练还能够促进残疾人身体的康复和健康发展,减少疾病的发生。

此外,体育活动还对残疾人的心理健康具有积极作用。运动能够缓解压力、改善情绪,提升残疾人的心理韧性和应对能力。

(四)政策与社会支持

政府在推动残疾人体育事业发展方面扮演着重要角色。通过制定相关政策、提供资金支持、建设体育设施等方式,政府为残疾人参与体育活动创造了有利条件。社会各界也积极支持残疾人体育事业的发展。企业、社会组织和个人通过赞助赛事、提供志愿服务等方式,为残疾人体育事业贡献力量。

六、农民工群体体育社会学分析

（一）农民工体育的发展现状

1. 农民工体育健康意识薄弱

农民工的日常工作往往时间长、强度大，闲余时间不足，文化生活相对匮乏，这使得他们参与体育活动的时间和精力受到限制。同时，由于经济条件的限制，农民工可能没有足够的资金去支付参与体育活动的费用，这也导致他们对体育活动的参与度不高。农民工的整体健康状况令人担忧，许多人带病上岗，由于健康意识不足，他们可能忽视体育锻炼的重要性。他们可能认为，通过繁重的体力劳动已经得到了足够的锻炼，无需再进行额外的体育活动。这种错误的认识进一步削弱了他们的体育健康意识。

农民工的文化素质普遍较低，这可能导致他们对体育健身的理解和认识存在偏差。他们可能缺乏必要的体育知识和技能，不知道如何有效地进行体育锻炼，从而影响了他们参与体育活动的积极性。农民工在心理上可能存在一定的自卑和封闭，认为自己与城市居民存在差距，不敢或不愿意参与城市居民的体育活动。这种心理障碍也影响了他们的体育健康意识。

环境因素也对农民工的体育健康意识产生影响。例如，农民工可能觉得城市的体育设施并不属于他们，或者因为穿着等原因感到不自在，从而不愿意参与体育活动。

2. 农民工的体育锻炼形式单调

农民工的锻炼形式单调，这主要是由于他们的工作性质、生活环境以及个人条件等多种因素所共同影响的。由于农民工的工作往往强度大、时间长，他们可能没有足够的时间和精力去参与复杂多样的体育活动。在工作之余，他们更倾向于选择简单、易行且不需要太多器材和场地的锻炼方式，如散步、跑步等。而且不容忽视的是，农民工的生活环境也可能限制了他们的锻炼形式。由于他们经常居住在工地或者较为偏远的地区,缺乏相应的体育设施和器材,这使得他们难以进行多样化的体育锻炼。即便有一些体育设施,可能也由于距离较远或使用不便而无法被有效利用。

此外,农民工的个人条件也是导致锻炼形式单调的原因之一。他们的经济条件可能较为有限,无法承担参与一些高成本体育活动的费用。同时,他们的文化素养和体育知识可能也相对较低,对于一些新的、复杂的锻炼方式可能不太了解或不太接受。由于农民工群体比较聚集,他们可能主要和同样从事体力劳动的工友交往,大家的锻炼习惯相互影响,导致锻炼形式相对单一。

3. 农民工体育锻炼的随意性强

农民工的锻炼时间和地点常常不稳定,取决于他们的工作和生活环境。由于农民工的工作性质,他们可能经常在不同的工地或地区之间迁移,这导致他们难以在固定的时间和地点进行体育锻炼。他们可能会在工作间隙、休息时间或下班后,在工地附近、宿舍区或城市公园等地方进行锻炼,而这些地点和时间都充满了不确定性。处理时间方面的不稳定,其锻炼方式也往往比较随意。他们可能没有固定的锻炼计划或目标,而是根据自己的身体状况、心情和兴趣来选择锻炼方式。有时候,他们可能会选择进行一些高强度的体力活动,如搬运重物、挖掘等,以替代专门的体育锻炼;有时候,他们可能只是简单地散散步、做做拉伸运动等。这种随意性的锻炼方式,虽然在一定程度上能够缓解身体疲劳,但可能无法达到预期的锻炼效果。

此外,农民工对体育锻炼的认识和态度也影响了他们的锻炼行为。由于他们可能缺乏专业的体育知识和指导,对体育锻炼的重要性认识不足,或者由于生活压力和时间限制,对体育锻炼不够重视,因此他们的锻炼行为往往缺乏规律性和系统性。他们可能会根据自己的感觉和需要,随意地开始或停止锻炼,而不是根据科学的锻炼计划和方法进行。

(二)农民工体育发展对策探析

1. 政府相关部门应给予充分关怀

农民工体育发展是全民健身和健康中国等国家战略的重要组成部

第五章　现代体育与社会现象的交叉渗透及其发展策略

分。为了促进农民工体育的健康发展,政府相关部门应给予足够的关怀,并采取相应的对策。比如,政府应加强对农民工体育发展的重视和关注。农民工是我国社会的重要群体,他们的身心健康直接关系到社会的稳定和发展。政府应充分认识到农民工体育发展的重要性,将其纳入社会服务和公共体育服务体系,为农民工参与体育活动提供有力保障。

政府应制定和完善农民工体育发展的政策法规。通过立法和制定相关政策,明确农民工体育发展的目标、任务和措施,为农民工参与体育活动提供法律保障和政策支持。同时,加强对农民工体育活动的监管,确保其安全、有序进行。此外,政府应加大对农民工体育设施的投入和建设力度。针对农民工居住分散、体育设施缺乏等问题,政府应合理规划体育设施布局,增加体育设施数量,提高设施质量。特别是在农民工集中的地区,应建设一批适合农民工使用的体育设施,满足他们的锻炼需求。

同时,政府还应加强对农民工体育活动的组织和管理。通过组织各类体育活动、比赛和健身指导,激发农民工参与体育活动的热情和积极性。此外,还可以利用社区、企业等组织资源,开展形式多样的体育活动,丰富农民工的业余文化生活。政府应加强对农民工体育宣传和教育。通过媒体宣传、公益广告等途径,普及体育健康知识,提高农民工对体育活动的认识和重视程度。同时,加强对农民工的体育健康教育和指导,帮助他们掌握科学的锻炼方法和技能,提高锻炼效果。

2. 加强农民工的体育意识

农民工体育发展对策中,强化农民工的体育意识是至关重要的一环。要通过各种渠道加强体育知识的普及和教育,让农民工充分认识到体育健身的重要性。可以组织专业的体育健康讲座、发放体育知识手册,或者利用互联网和新媒体平台,定期推送体育健康知识和信息。这样可以帮助农民工建立正确的体育观念,增强他们的体育意识。

比如,通过开展丰富多样的体育活动,可以激发农民工参与体育锻炼的兴趣和热情。可以组织一些适合农民工参与的趣味运动会、体育比赛等,让他们在轻松愉快的氛围中体验运动的乐趣,从而培养他们对体育活动的喜爱和习惯。

同时,政府和社会组织应该为农民工提供更多的体育设施和资源,让他们有更多的机会参与体育锻炼。例如,可以在农民工集中的地方建设公共体育设施,如篮球场、羽毛球场等,或者开放学校的体育设施供农民工使用。此外,还可以鼓励企业提供体育设施或者组织体育活动,让农民工在工作之余也能进行体育锻炼。另外,加强体育文化的传播和推广也是强化农民工体育意识的重要手段。可以通过举办体育文化节、体育展览等活动,展示体育文化的魅力和价值,让农民工在参与中感受到体育文化的熏陶和感染。

但是,如果要想建立长效机制,还需强化农民工体育意识的工作常态化、制度化。可以设立专门的农民工体育指导机构或者志愿者团队,为他们提供长期的体育指导和帮助。同时,还要建立健全农民工体育活动的组织和管理机制,确保活动的持续性和有效性。

3. 动用社会力量支持农民工体育的发展

农民工体育发展是一个复杂而重要的议题,动用社会力量支持其发展至关重要。社会组织、企业和个人都可以成为支持农民工体育发展的重要力量。社会组织可以发起公益性的体育活动,为农民工提供参与体育的机会和平台。企业可以组织内部的体育活动,鼓励农民工参与,并提供必要的场地和设施支持。个人则可以通过捐赠、志愿服务等方式,为农民工体育事业贡献自己的力量。要利用社会媒体的力量,加强农民工体育的宣传和推广。通过电视、广播、报纸、网络等媒体渠道,广泛宣传农民工体育的意义和价值,提高社会对农民工体育的关注度和认可度。同时,可以邀请体育明星、知名人士等参与农民工体育活动,利用他们的影响力,吸引更多人关注和参与农民工体育。动员社会各界的力量,共同为农民工体育筹集资金和资源。可以通过设立农民工体育基金、发起募捐活动等方式,筹集资金用于改善农民工体育设施、组织体育活动等。同时,积极争取政府、企业和社会组织的支持和赞助,为农民工体育提供更多的资源保障。

加强农民工体育组织和团队建设,提高农民工体育的自我发展能力。可以成立农民工体育协会、俱乐部等组织,为农民工提供组织化、规范化的体育参与途径。同时,加强农民工体育指导员的培训和管理,提高他们的专业水平和指导能力,为农民工提供科学有效的体育指导

4.关注新生代农民工体育的发展

新生代农民工,作为农民工队伍中的新鲜血液,其体育发展问题日益受到关注。相较于传统农民工,新生代农民工在教育程度、价值观念、生活方式等方面都展现出新的特点,因此,关注新生代农民工体育发展,需要制定和实施更具针对性的对策。

第一,要深入了解新生代农民工的体育需求和特点。新生代农民工往往更加注重生活品质和个人发展,对体育活动的需求也更为多元化和个性化。他们更倾向于参与趣味性、互动性强的体育活动,而不是单调乏味的传统体育项目。因此,应该通过问卷调查、访谈等方式,深入了解他们的体育需求和兴趣,为制定合适的体育发展策略提供依据。

第二,加强体育设施建设和场地规划。针对新生代农民工居住分散、体育设施缺乏的问题,政府和企业应加大投入,建设一批适合新生代农民工使用的体育设施,如多功能运动场、健身中心等。同时,合理规划场地布局,确保体育设施的便利性和安全性,为新生代农民工提供优质的体育锻炼环境。

第三,开展丰富多样的体育活动和赛事。结合新生代农民工的特点和需求,组织一些新颖、有趣的体育活动和赛事,如趣味运动会、篮球联赛等,吸引他们积极参与。同时,通过媒体宣传和社会推广,提高新生代农民工对体育活动的认知度和参与度,激发他们的体育热情。

第四,加强体育指导和培训。针对新生代农民工在体育知识和技能方面的不足,组织专业的体育指导员和志愿者团队,为他们提供科学有效的体育指导和培训。通过传授正确的锻炼方法和技巧,帮助他们提高体育锻炼的效果和质量,培养他们的体育兴趣和习惯。

第五,建立长效机制,促进新生代农民工体育的持续发展。政府、企业和社会组织应形成合力,共同推动新生代农民工体育事业的发展。通过制定相关政策、法规和标准,明确各方责任和义务,确保体育活动的规范性和安全性。同时,建立激励机制,鼓励和支持更多的社会力量参与新生代农民工体育事业,形成全社会共同关注和支持的良好氛围。

第六章
全球化与现代体育的发展

　　现代体育的发展离不开全球化这一背景,随着时间的推移,体育的全球化进程体现出远超出其他领域的强大生命力。因此研究全球化与现代体育的关系将非常有意义。

第六章　全球化与现代体育的发展

第一节　全球化释义

一、全球化概述

全球化指的是全球范围内不同国家和地区之间在经济、政治、文化等方面的相互联系和相互依存不断加强的过程。这个过程受到各种因素的推动和影响，包括科技发展、国际贸易、资本流动、文化交流等。

在全球化的背景下，不同国家和地区的经济、政治、文化等方面都面临着许多共同的问题和挑战，如全球气候变化、国际金融风险、跨国犯罪等。同时，全球化也带来了许多机遇和机会，如国际贸易的发展、资本市场的扩大、文化交流的增加等。

全球化的概念可以从多个角度来理解。从经济角度来看，全球化是指全球经济的融合和一体化，包括国际贸易、投资、金融等方面的自由化和便利化。从政治角度来看，全球化是指各国之间政治合作的加强和相互依存的加深，包括国际组织、跨国政府合作等。从文化角度来看，全球化是指不同国家和地区之间文化交流和融合的加强，包括文化产品、价值观、意识形态等方面的传播和影响。

（一）狭义定义

全球化的狭义定义是指经济活动的全球一体化，如商品、服务、资本、劳动力和技术（或知识）的跨国流动。全球经济活动向一体化方向的不断推进，又促进了生产、销售和筹资活动的全球网络的形成和发展。根据这个定义，某些分析家强调认为，全球网络的形成使得全球化不同于国际化，因为国际化可能是双边的交流活动，基于资本和高新技术等经济因素向外扩张，加速了市场规模统一和跨国公司形成的过程。这也就意味着金融资本的全球流动，经济贸易自由化以及信息技术在各国领域广泛运用。

（二）广义定义

全球化的广义定义通常涵盖经济、政治、社会、文化以及科技等众多领域，全球化是人类在全球范围内在政治、经济、文化和技术等方面不断交流、互动和融合的过程。全球化不仅仅指经济上的依存关系，还包括生活领域的时空转换，以及政治、文化和社会等多个层面的相互依赖性和整体意识的增强。它反映了全球范围内各种资源和要素的流动和重新配置，并促进了各国之间的联系和合作。同时，全球化也是一个复杂的历史进程，它受到生产力发展、科技进步、国际贸易、资本流动等多种因素的影响。

二、全球化的特点

（一）相互依存的程度不断加深

全球化使得各国之间的经济、政治、文化等方面相互依存的程度不断加深，形成了你中有我、我中有你的格局。这种相互依存的关系使得国家之间更加紧密地联系在一起，形成了更加复杂的利益关系。

（二）自由化和市场化趋势不断加强

全球化推动了各国经济的自由化和市场化，使得资源配置更加优化，提高了经济效率。同时，自由化和市场化也带来了竞争的加剧和风险的不确定性，给国家经济安全带来了新的挑战。

（三）科技发展和信息传播的加速

全球化推动了科技的发展和信息传播的加速，使得国家之间的信息交流更加便捷和快速。这种信息化的趋势不仅带来了商业和经济的变革，也深刻影响了人们的思想观念和生活方式。

第六章　全球化与现代体育的发展

（四）文化交流和融合的加强

全球化促进了不同国家和地区之间的文化交流和融合,使得各种文化之间的相互影响和交融更加明显。这种文化交流不仅有助于增进各国之间的相互理解和友谊,也有助于推动世界文化的多样性和繁荣发展。

（五）全球问题与跨国挑战的涌现

全球化也带来了许多全球性的问题和挑战,如全球气候变化、国际金融风险、跨国犯罪等。这些问题超越了单个国家的管辖范围和能力,需要各国之间的合作和共同应对。

第二节　全球化时代的体育

一、全球化时代的体育概况

20世纪90年代,Appadurai提出全球文化流动导致"民族流动、技术流动、金钱流动、媒体流动和意识形态流动"的五维社会变迁观点。体育作为人类文化的组成部分,与全球化过程相互联系、相互影响,20世纪后期也在这五个方面上发生着变化。

例如,在民族流动方面,高水平体育尤其是职业体育领域中的运动员、教练员、官员的全球流动的势头越来越强。在财物的流动方面,体育用品、器材在国家之间、各大洲之间流动,以及大型体育场馆在各国大量修建,使流动的资金数量达到了几十亿美元。此外,在体育人员交流、奖金、赞助和体育营销方面还有大量的国际资金流动,从而形成了国际体育的一体化趋势。

在体育的全球化进程中,媒体承担了核心角色。媒体和体育的结合形成了全球体育发展中一股重要的文化源流,并通过这股文化源流影响着全球化。媒体向全球观众展示着体育,提供了一种特殊的文化信息。体育信息的全球化传播体现了体育的全球意识性特征,并使体育轻易地跨越传统的空间(地理或地缘位置)阻隔,实现地球上任何一个角落间在时间上的全球同步性,真正体现了体育全球化的本质意义。

二、全球化时代的体育政策研究

在全球化的大潮中,体育运动的发展与政策的制定和实施紧密相连,二者相互影响,相互促进。体育不再仅仅是一个单纯的竞技活动,而是逐渐演变成为国家发展、社会进步和文化交流的重要载体。因此,体育与政策之间的相关议题,成为各国学者深入研究和探讨的焦点。

从国际体育社会学的角度来看,关于体育与政策的研究呈现出多元化的趋势。其中,一类研究主要聚焦于各国或地区的体育政策体系或脉络的梳理。这类研究通过对不同国家或地区的体育政策进行深入分析,旨在揭示其政策制定的背景、目的和主要内容,从而帮助我们更好地理解体育政策在不同文化和社会背景下的运作机制。

另一类研究则更加关注体育政策作为政策工具的效用研究。这类研究通过收集和分析大量数据,评估体育政策在实施过程中的效果和影响,包括对国家经济发展、社会和谐以及人民健康等方面的贡献。这些研究不仅有助于我们深入了解体育政策的实际作用,还为政策制定者提供了宝贵的参考和借鉴。

无论是梳理体育政策体系还是研究体育政策的效用,这些研究都为我们理解体育与政策之间的复杂关系提供了重要的视角。在全球化的背景下,各国之间的体育交流日益频繁,体育政策也成为国家软实力的重要体现。因此,我们需要更加深入地研究体育与政策之间的关系,以便更好地推动体育事业的发展,促进国家的繁荣与进步。

三、全球化时代体育的发展现状

(一)体育产业持续增长

随着全球经济的发展和人们健康意识的提高,体育产业已经成为一个庞大的市场,呈现出持续增长的趋势。据统计,全球体育产业的规模已经达到数万亿美元,其中北美地区、欧洲和亚太地区是体育产业最发达的地区。

(二)体育赛事国际化程度提高

全球化使得体育赛事的国际化程度不断提高,国际的体育赛事和交流日益增多。例如,奥运会、世界杯等国际顶级赛事已经成为全球关注的焦点,而跨国公司和组织的赞助和支持也使得国际体育赛事的规模和水平不断提升。

(三)科技在体育中的应用广泛

科技在体育中的应用已经越来越广泛,包括训练方法、场馆设施、比赛装备等方面。高科技的运用不仅提高了运动员的训练效果和比赛成绩,也为观众带来了更加精彩的观赏体验。

(四)体育产业与其他产业融合发展

全球化时代,体育产业已经与其他产业融合发展,形成了多元化的产业链。例如,体育与旅游、体育与传媒、体育与金融等产业的融合,推动了体育产业的创新发展。

(五)政府对体育产业的支持力度加大

随着全球化的发展和体育产业的壮大,各国政府对体育产业的支持力度也不断加大。政府通过制定相关政策、增加投入、推动产业升级等方面措施,促进体育产业的健康发展。

全球化体育的发展现状呈现出体育产业持续增长、体育赛事国际化程度提高、科技在体育中的应用广泛、体育产业与其他产业融合发展以及政府对体育产业的支持力度加大等特点。未来,随着全球化的深入发展,体育产业将继续壮大,成为全球经济和社会发展的重要推动力量。

四、全球化时代体育发展特点

全球化使得体育资源在国际的流动加速,包括运动员、教练员、资本、技术等。国际体育赛事日益增多,体育产业不断壮大,跨国体育公司和组织成为全球化时代体育发展的重要力量。

(一)体育文化交流与融合加强

全球化促进了不同国家和地区之间的体育文化交流与融合,各种体育文化相互影响和借鉴,丰富了体育的内涵和形式。国际的体育合作和共同举办的大型体育赛事也促进了不同文化的交流和融合。

(二)科技对体育的影响日益显著

1. 训练方法的科学化

科技的发展为训练方法的科学化提供了有力支持。通过高科技设备,如运动追踪技术、生物反馈系统等,教练和运动员可以更准确地了解运动员的技术动作、运动状态和生理反应,从而制定更加科学的训练计划,提高训练效果。

2. 运动装备的科技化

科技在运动装备方面的应用也取得了显著成果。新型材料、智能传感器、无线通信等技术广泛应用于运动装备中,使得运动员能够更好地发挥技术水平,提高比赛成绩。

3. 赛事组织的科技化

科技在赛事组织方面也发挥了重要作用。电子计时、高清摄像、数据统计等技术的应用,使得赛事更加公正、公平,同时也提高了比赛的观赏性和影响力。

4. 健康管理的科技化

科技的发展也为健康管理提供了更好的帮助。通过智能可穿戴设备、健康应用程序等科技设备或技术,人们可以更方便地监测身体状况、管理健康,积极参与体育运动。

5. 体育传媒的科技化

科技在体育传媒方面的应用也日益广泛。网络直播、VR/AR 技术等新型传播手段为体育赛事的转播提供了更加丰富的视觉体验,提高了观众的观赏乐趣。

(三)体育成为国际政治经济竞争的舞台

全球化时代,体育成为国际政治经济竞争的重要舞台。国际的体育赛事和交流成为国家间政治和经济合作的象征,体育也成为国际组织和跨国公司等非政府组织在全球范围内推广其价值观和影响力的重要工具。

第三节 体育的全球化发展进程与表现

一、体育的全球化发展

体育的全球化发展进程是一个复杂而多维度的过程,包括不同阶段和方面的因素,它是一个不断深入和扩展的过程,涉及多个方面和层面的因素。未来,随着全球化的不断深入和科技的持续发展,体育全球化将继续呈现出更加多元化、开放化、国际化的趋势,为人类社会的进步和发展做出更大的贡献。

（一）起始阶段

这一阶段以体育项目的传播为主要特征,通常是基于文化交流、移民、贸易等活动,将不同国家和地区的体育项目传播到其他地区。例如,足球、篮球、排球等全球性体育项目最初都是从欧洲传播到世界各地的。此外,一些具有地域特色的体育项目也开始在其他地区得到传播,如印度的瑜伽、中国的太极拳等。这一阶段的体育全球化程度较低,各个地区的体育项目仍然保留着各自的特色和传统。

同时,随着全球化的加速和现代化进程的推进,一些新兴的体育项目也开始在全球范围内得到传播和推广,如极限运动、电子竞技等。在起始阶段,体育全球化主要表现为物质文化的传播,即体育项目的传播。这一阶段的主要特征是各个地区的体育项目仍然保留着各自的特色和传统,但已经开始有了一些跨地区的传播和交流。随着全球化的深入发展,体育全球化逐渐进入快速发展阶段,涉及制度文化、行为文化和观念文化的多个层面,成为一种全方位、多维度的社会现象。

（二）快速发展阶段

随着全球化和现代化的加速,体育全球化进入了快速发展阶段。这一阶段的特征是国际体育组织的建立、统一国际竞赛规则和场地器材标准的制定。这个阶段的体育全球化以制度文化传播为主,推动了体育的国际交流与合作,使得各个国家和地区的体育事业逐渐向国际化方向发展。

具体来说,这一阶段以 1870 年到 1920 年间的欧洲化阶段为开端。此时,除了英国的户外运动以外,瑞典、丹麦等欧洲传统体育项目都进入欧洲体育的主流文化之中。随后,美国取代欧洲成为世界体育文化的主导。西方国家和苏联的对抗、第三世界国家的兴起引起了世界范围内许多国家本土文化的复苏,促进了多元的全球体育文化形成。

总之,这一阶段的发展为体育全球化的进一步深化奠定了基础,推动了全球范围内体育事业的不断发展和进步。

第六章　全球化与现代体育的发展

（三）全面深化阶段

在全面深化阶段,体育全球化超越了制度和项目的层面,更多地涉及观念和文化的层面。这一阶段的特征是大量的人员流动和思想观念的交流,使得各个国家和地区的体育文化更加相互融合和影响。同时,随着全球化的深入发展,体育产业也呈现出了全球化的趋势,体育资源、资本和品牌开始在全球范围内流动和布局。

体育全球化发展的全面深化阶段,主要以体育观念文化传播为主。这一时期大量的人员流动必然要伴随着思想和观念的大流动。随着全球化的深入发展,体育文化也呈现出了更加多元化、开放化、国际化的趋势。不同国家和地区的体育文化相互影响和融合,形成了更加丰富多彩的全球体育文化。

在这一阶段,体育产业也呈现出了全球化的趋势。体育品牌、赛事和资本开始在全球范围内流动和布局,形成了一个庞大的体育市场。跨国公司、国际组织和非政府组织在推动体育全球化方面发挥了重要作用,通过合作、交流和竞争,促进了全球体育事业的不断发展和进步。

此外,体育全球化发展的全面深化阶段也涉及科技、环保、公益等方面的因素。科技在体育中的应用更加广泛,推动了体育的创新发展。环保理念在体育中得到体现,绿色、低碳的体育场馆和赛事成为一种趋势。公益事业在体育中也有所体现,通过体育赛事和活动,推动了全球范围内的公益事业发展。

二、体育全球化发展的表现

（一）体育赛事的全球化

国际的体育赛事和交流日益增多,包括奥运会、世界杯、NBA 等全球知名的体育赛事已经成为全球关注的焦点。同时,一些地区性的赛事也通过国际合作和推广,逐渐发展成为全球性的赛事。

体育赛事的全球化是体育全球化发展的重要表现之一。随着全球化的发展,越来越多的传统国家级赛事,如奥运会、世界杯等,已经发展成全球性的赛事。同时，一些新兴赛事也逐渐冲破国界，吸引着全球观众和选手参与。

这种全球化的趋势使得各国的优秀运动员有了更广阔的舞台，同时也促进了不同国家和地区之间的文化交流和相互理解。

此外，体育赛事的全球化也带来了商业化和职业化的趋势。赛事的组织者通过商业运作和营销手段，吸引了大量赞助商和广告商的投入，从而使得体育赛事成为一种商业化的产品。同时，职业运动员的出现也为体育赛事的全球化提供了必要的人才基础，他们通过在各种国际赛事中表现出色，提高了国际影响力，也为自己的职业生涯带来了更多的商业机会。

总之，体育赛事的全球化是体育发展的必然趋势，它不仅为运动员提供了更广阔的舞台，也为观众带来了更加精彩和多样化的观赏体验。同时，体育赛事的全球化也促进了不同国家和地区之间的文化交流和相互理解，有助于推动全球化和世界文化的多元化发展。

（二）体育产业的全球化

体育产业作为一种经济产业，也在全球范围内得到了快速发展。体育产业的全球化是体育发展的必然趋势，也是全球化的重要组成部分。体育产业作为一个庞大的经济产业，涉及体育用品制造、体育服务、体育媒体等多个领域。在全球化的背景下，体育产业的各个环节都在进行跨国界、跨文化的交流与合作，使得体育产业成为一个全球性的产业。

体育产业的全球化表现为资源、品牌、资本和市场的全球化流动。在全球化的大背景下，各个国家和地区的体育资源、品牌和企业都开始在全球范围内进行配置和优化，以实现资源的高效利用和市场价值的最大化。资本的流动也加速了体育产业的全球化进程，跨国公司、国际组织和非政府组织在推动体育全球化方面发挥了重要作用。

同时，体育产业的全球化也带来了市场竞争的加剧。

此外，体育产业的全球化也促进了技术和管理模式的创新。在全球化的大背景下，各个国家和地区的体育企业都在积极探索新的技术和管理模式，以提高生产效率和管理水平。这种创新不仅表现在产品设计和制造上，也表现在市场营销和服务上。

体育产业的全球化是一个不可逆转的趋势，它促进了资源、品牌、资

第六章 全球化与现代体育的发展

本和市场的全球化流动,加剧了市场竞争,同时也促进了技术和管理模式的创新。

(三)科技在体育中的广泛应用

科技在体育中的应用非常广泛,从体育训练、比赛到场馆设施等方面都有涉及。

1. 可穿戴设备

可穿戴设备如智能手环、智能鞋等已经广泛应用于体育训练和比赛中。这些设备通过传感器和算法,可以实时监测运动员的身体状况、运动数据和生理指标,帮助教练和运动员更好地了解运动员的状态和表现,制订更加科学的训练计划。

2. 虚拟现实和增强现实技术

虚拟现实和增强现实技术也被应用于体育训练和比赛中。通过这些技术,教练和运动员可以更加真实地模拟比赛场景和训练环境,提高训练效果和比赛应对能力。同时,观众也可以通过这些技术获得更加沉浸式的观赏体验。

3. 人工智能技术

人工智能技术在体育领域的应用也越来越广泛。例如,人工智能可以通过分析大量的比赛数据和运动员数据,提供更加精准的训练建议和战术指导。同时,人工智能还可以应用于体育场馆的安保、人流控制等方面,提高场馆的管理效率和安全性。

4. 运动追踪技术

运动追踪技术可以帮助教练和运动员更好地了解运动员的运动轨迹、速度、加速度等方面的信息,为训练提供更加精准的数据支持。这种技术已经被广泛应用于足球、篮球、田径等项目中。

（四）体育文化的交流与融合

体育文化的交流与融合表现在多个方面。首先，不同国家和地区的体育项目相互传播和推广，如中国的太极拳、印度的瑜伽等已经成为全球性的健身运动项目。其次，体育赛事的国际化程度提高，国际的体育赛事和交流日益增多，如奥运会、世界杯等国际顶级赛事已经成为全球关注的焦点。最后，跨国公司和国际组织的推动也加速了体育文化的交流与融合，如耐克、阿迪达斯等跨国体育品牌在全球范围内进行营销和推广，推动了全球体育文化的发展。

体育文化的交流与融合有助于推动全球化和世界文化的多元化发展。通过体育文化的交流与融合，各个国家和地区的优秀体育文化得以传承和发扬光大，同时也促进了不同国家和地区之间的文化交流和理解。这种交流与融合有助于消除文化隔阂和偏见，增进各国人民之间的友谊和团结。

在未来，随着全球化的不断深入和科技的持续发展，体育文化的交流与融合将继续呈现出更加多元化、开放化、国际化的趋势。不同国家和地区的体育品牌和企业将进一步加强合作和交流，共同推动全球体育文化的发展。同时，新兴的科技手段和媒体平台也将为体育文化的交流与融合提供更加广阔的舞台和渠道。

体育文化的交流与融合是体育全球化发展的重要表现之一，也是推动全球化和世界文化多元化发展的重要力量。通过体育文化的交流与融合，我们可以更好地了解不同国家和地区的文化传统和价值观，增进各国人民之间的友谊和团结，共同创造一个更加美好的世界。

（五）体育管理的国际化

1. 体育管理机构的设置

在体育管理国际化过程中，各个国家和地区需要建立符合国际标准的体育管理机构，包括政府体育部门、体育协会、体育组织等。这些机构需要具备专业的管理和组织能力，能够承担起国际体育赛事的组织和运营工作，与其他国家和地区的体育机构进行合作和交流。

2. 体育企业机构和体育人才的管理模式

在体育产业方面,国际化的发展需要体育企业机构和体育人才的管理模式与国际接轨。这包括引进国际先进的体育企业管理经验、培养具有国际视野的体育人才、加强与国际体育企业的合作与交流等。

3. 民间体育组织设置与运行模式

民间体育组织是推动体育事业发展的重要力量,也是体育管理国际化的重要方面。民间体育组织需要建立符合国际标准的组织架构和运行模式,加强与其他国家和地区的民间体育组织的交流与合作,共同推动全球体育事业的发展。

4. 积极参加国际性体育组织

加入国际性体育组织是推动体育管理国际化的重要途径。通过参加国际性体育组织,可以了解国际体育管理的最新动态和趋势,参与制定国际体育规则和管理制度,与其他国家和地区共同推动全球体育事业的发展。

5. 体育事业的标准化

在体育管理国际化过程中,各个国家和地区需要制定符合国际标准的体育管理制度和标准,包括运动员培养、赛事组织、场地设施等方面。这些标准和制度需要与国际接轨,以便在国际赛事和交流中得到认可和应用。

第四节 体育全球化与文化认同

一、文化认同的概念

文化认同是对某一文化的集体承认,意味着群体身份的共享。它不仅是对特定文化的核心价值观的倾向性共识与认可,也是对某一文化或文化群体的归属感。这种认同是动态变迁的过程，可能随着时间和环境的变化而发生变化。在全球化与民族化互动日益凸显的背景下，文化认同对于提升民族文化认同感和自豪感、凝聚民族共同体、对外增强民族文化吸引力和感召力、提升中华文化软实力具有重要意义。

二、文化认同对体育全球化的影响

文化认同对体育全球化的影响是多方面的，它可以促进体育文化的交流与融合、推动体育产业的发展、提高运动员的竞技水平、增强国际体育赛事的影响力等。

文化认同对体育全球化的影响主要体现在以下几个方面。

（一）促进体育文化的交流与融合

在体育全球化的过程中，不同国家和地区的体育文化相互交流和融合，形成了一种多元化的全球体育文化。这种文化的交流与融合有助于增进各国人民之间的友谊和团结，也有助于推动全球化和世界文化的多元化发展。

（二）推动体育产业的发展

在体育全球化的大背景下，各个国家和地区的体育品牌和企业都在努力提高自身的竞争力，以在全球市场中获得更大的份额。这种竞争不仅表现在产品质量和性能上，也表现在品牌形象和文化内涵上。通过建立文化认同，可以提升品牌形象和文化内涵，从而增强竞争力，推动体育产业的发展。

（三）提高运动员的竞技水平

文化认同的建立有助于提高运动员的竞技水平。体育全球化在各个国家和地区的优秀运动员都在努力提高自身的竞技水平，以在国际赛事中取得更好的成绩。通过建立文化认同，可以激发运动员的自信心和归属感,提高他们的竞技水平和表现力。

(四)增强国际体育赛事的影响力

文化认同的建立有助于增强国际体育赛事的影响力。在举办国际体育赛事时,通过加强文化交流和融合,可以增加观众的参与度和热情,提高赛事的影响力和知名度。这种影响力不仅有助于推动体育事业的发展,也有助于提升国家和地区的国际形象。

三、体育全球化与文化认同之间的关系

体育全球化是一个不断发展的过程,它促进了不同国家和地区之间的体育文化交流与融合。这种全球化的趋势不仅带来了体育赛事、体育产业和体育科技的全球化,也加速了体育文化的传播和扩散。

然而,体育全球化也带来了一些挑战,其中之一就是文化认同的问题。文化认同是指个体或群体对于自己所属文化的认可和接受程度。在体育全球化的背景下,不同国家和地区的体育文化差异可能会导致文化认同的冲突和摩擦。例如,在国际体育赛事中,不同国家和地区的运动员和观众可能会因为文化差异而产生误解和矛盾。

为了应对这些挑战,需要采取积极的措施来促进文化认同。首先,需要尊重不同国家和地区的体育文化传统和价值观,避免对其他文化进行贬低或歧视。其次,需要加强跨文化交流和沟通,增进对不同文化的理解和认同。这可以通过国际体育赛事、体育文化交流活动、跨国体育合作等方式来实现。最后,需要培养具有国际视野和跨文化能力的体育人才,他们能够在全球范围内推动体育事业的发展,促进不同文化之间的交流与融合。

四、中国对世界体育文化的包容性选择

中国对世界体育文化的包容性选择体现了中国在体育领域的开放、包容、合作和共赢的态度。通过尊重和借鉴不同体育文化,推动体育文化的交流与融合,倡导和平、友谊和团结的体育精神,创新和发展中国特色的体育文化,中国为世界体育文化的发展作出重要贡献。

（一）尊重和包容不同体育文化

中国在体育领域一直秉持开放包容的态度，尊重不同国家和地区的体育文化传统和价值观。中国在参与国际体育赛事和交流中，积极学习和借鉴其他国家和地区的先进经验和做法，同时也向世界推广和展示中国体育文化的独特魅力和价值。

（二）推动体育文化的交流与融合

中国积极推动体育文化的交流与融合，加强与世界各国的体育合作与交流。中国举办了多项国际体育赛事，如奥运会、亚运会、全运会等，为世界各国提供了展示和交流的平台。此外，中国还通过派遣和接收运动员、教练员和体育官员等方式，与其他国家和地区进行体育合作与交流，共同推动全球体育事业的发展。

（三）倡导和平、友谊和团结的体育精神

中国在体育领域一直倡导和平、友谊和团结的体育精神，强调体育在促进世界和平与发展中的作用。中国反对体育政治化，主张通过体育交流增进各国人民之间的友谊和团结，推动不同国家和地区之间的文化交流和理解。

（四）创新和发展中国特色的体育文化

中国在吸收和借鉴世界体育文化优秀成果的同时，也注重创新和发展中国特色的体育文化。中国结合自身的历史、文化和传统，积极探索和发展具有中国特色、时代特征的体育文化，为世界体育文化的发展贡献了中国智慧和力量。

五、中国体育文化身份构建

中国体育文化身份构建是一个复杂而多维度的过程，涉及多个层面

和要素的互动与影响。在这个过程中,文化身份的认同与建构并不是一成不变的,而是随着时代和社会的发展而不断演变。

首先,国家主导与个体协商是中国体育文化身份构建的两个重要因素。国家通过政治话语对体育文化身份进行主导,要求个体服从意识形态的政治话语,体现了国家对体育事业的领导和管控。然而,随着现代化的民主观念在中国社会的普及,个体对自身政治层面的文化身份的诉求与官方话语出现对抗。这表明,个体在体育文化身份的建构中具有重要地位,他们的选择和行为对文化身份的认同与构建产生影响。

其次,安全的文化边界是中国体育文化身份构建的重要前提。文化边界是主体文化身份确认的前提,它宽泛地限制着文化身份的漂移。在文化身份建构中,安全的文化边界具有重要意义,因为它可以维护文化身份的稳定性,防止文化认同的混乱和冲突。在体育领域,国家通过制定相关政策和标准,确保体育文化身份认同的正确方向和安全边界。

最后,体育文化作为中国特色社会主义文化的重要组成部分,是文明进步和人类社会发展的重要标志。通过广泛传播体育文化,可以激励一代又一代青少年弘扬并践行中华体育精神,增强他们的体育文化自信。体育教育在提升青少年体育文化自信方面具有重要作用,为体育强国建设奠定了精神文化基础。这种对体育文化的广泛传播和弘扬,有助于形成具有中国特色、时代特征的体育文化身份认同。

第五节　全球化语境下中国体育事业的发展路径

一、全球化语境下中国体育事业发展的理念

(一) 开放包容

全球化是一种开放包容的状态,因此中国体育全球化的发展也应该是开放包容的。中国将积极吸收和借鉴世界各国体育发展的成功经验和优秀成果,结合自身实际情况进行创新和发展,推动中国体育事业的

不断进步。

（二）互利共赢

全球化是一种互利共赢的状态，因此中国体育全球化的发展也应该是互利共赢的。中国将积极参与国际体育合作与交流，通过体育交流与合作促进与其他国家和地区的相互了解和友谊，推动全球体育事业的共同发展。

（三）尊重文化多样性

全球化尊重各种文化的多样性，因此中国体育全球化的发展也应该是尊重文化多样性的。中国将注重与其他国家和地区的体育文化交流与融合，促进不同体育文化之间的相互了解和尊重，推动全球体育文化的多元化发展。

（四）可持续发展

全球化注重可持续发展，因此中国体育全球化的发展也应该是可持续发展的。中国将注重体育事业的可持续发展，加强体育产业、体育科技、体育教育等方面的建设和发展，推动中国体育事业的长远发展。

二、全球化语境下中国体育事业发展路径的探索

（一）推进体育市场化改革

通过体育市场化改革，释放体育市场的潜力，增强体育产业的竞争力。在体育赛事、体育产业、体育科技等方面加强市场化运作，吸引更多的社会资本和资源进入体育领域，推动体育事业的发展。

第六章　全球化与现代体育的发展

（二）加强国际交流与合作

通过加强国际交流与合作,引进国际先进的体育理念、技术和经验,推动中国体育事业的创新发展。积极参与国际体育组织和国际体育赛事,加强与其他国家和地区的体育合作与交流,提升中国体育的国际影响力和竞争力。

（三）培养国际化体育人才

通过培养国际化体育人才,提高中国体育事业的创新能力和竞争力。加强与国际知名体育机构和学校的合作与交流,引进国际先进的体育教育和培训资源,提高中国体育人才的综合素质和专业水平。

（四）推动体育科技创新

通过推动体育科技创新,提高中国体育事业的技术水平和竞争力。加强与高校、科研机构和企业的合作,加大体育科技研发的投入,推动科技创新成果的转化和应用,提高中国体育的科技含量和创新能力。

（五）优化体育产业结构

通过优化体育产业结构,推动中国体育事业的可持续发展。加强与旅游、文化、教育等产业的融合发展,拓展体育产业的发展空间和盈利模式。同时,加强体育产业的品牌建设和质量提升,提高中国体育产业的国际知名度和竞争力。

第七章
现代体育社会问题与应对研究

现代体育社会是随着现代文明以及国家的不断进步而发展的,因此与社会进程有着内在的密切联系。以我国为例,在改革开放的几十年内,中国社会发生着巨大的变化,社会也处于明显的转型和进步发展之中。这期间,体育社会也不可避免地暴露出一些问题亟待解决。本章将从体育社会问题概述、常见体育社会问题与积极应对、社会转型期我国体育法治问题与治理,以及现代体育社会控制等方面展开分析。

第七章 现代体育社会问题与应对研究

第一节 体育社会问题概述

体育社会问题是我国体育社会学界中并不确定的概念之一,长期以来存在着各种不确定的说法,有时和体育违规行为以及其他社会问题相混淆。本书中对社会体育问题的阐述,主要参考卢元镇在《体育社会学》一书中对体育社会问题的定义。

一、体育社会问题的概念

社会问题是指社会关系或社会环境失调,影响社会成员或部分成员的共同生活,破坏社会正常运行,妨碍社会协调发展,以致需要调动社会力量加以解决的社会现象。

二、体育社会问题的特点

（一）普遍性

体育社会问题较为复杂,具有涉及面广、边界模糊、多变等多个特点,具体如下。

1. 涉及面广

体育社会问题涉及社会各个层面和领域,不仅包括体育赛事和活动本身的问题,还涉及社会文化、道德伦理、法律制度等方面的问题。因此,解决体育社会问题需要全社会的共同努力和参与。

2. 难以界定

体育社会问题往往没有明确的界限,有时难以界定问题的性质和范围。例如,兴奋剂问题既涉及运动员的身体健康,又涉及公平竞争和道德伦理等方面的问题。因此,解决体育社会问题需要深入探讨和研究。

3. 长期存在

体育社会问题往往具有长期性和反复性。例如,种族歧视、性别歧视等问题在体育领域长期存在,需要持续不断地努力和关注才能得到解决。

4. 复杂多变

体育社会问题往往不是孤立的,而是相互关联、相互影响的。例如,政治、经济、文化等方面的因素都可能影响体育事业的发展,需要综合考虑各种因素的相互作用。

(二)客观性

体育社会问题的客观性特点表明,我们需要正视问题的存在,尊重事实和证据,采取科学的方法和措施加以解决。

1. 问题的客观存在

体育社会问题是一种客观存在,不受人的主观意识影响。例如,兴奋剂问题、种族歧视、性别歧视等都是客观存在的体育社会问题,需要采取措施加以解决。

2. 事实的客观性

体育社会问题的存在和性质是客观的,不以人的主观意志为转移。例如,体育赛事中的争议和纠纷,需要通过事实和证据来判断,而不是主观臆断或猜测。

3. 影响的客观性

体育社会问题对个体和社会的影响是客观存在的,不会因为人的主观意识而改变。例如,不公平的比赛结果可能会对运动员和观众造成心理和情感上的影响,这些影响是客观存在的。

4. 解决方法的客观性

解决体育社会问题的方法和途径是客观存在的,需要根据问题的性质和实际情况制定相应的解决方案。例如,针对兴奋剂问题,需要制定严格的反兴奋剂政策和措施,加大监管和惩罚力度。

(三)持久性

体育社会问题的持久性特点表明,我们需要对问题进行长期关注和持续努力,不能抱有一蹴而就的心态。同时,也需要加强社会各方的合作和沟通,共同推动体育事业的健康发展,具体体现如下。

1. 问题难以一次性解决

体育社会问题往往不是一次性的,而是长期存在的。例如,兴奋剂问题、种族歧视、性别歧视等都是长期困扰体育领域的难题。这些问题需要持续不断地关注和努力才能逐渐得到解决。

2. 历史遗留问题难以处理

有些体育社会问题是历史遗留的,需要时间来逐步解决。例如,体育场馆设施的历史欠账问题,需要耗费时间和资金来改善。

3. 社会文化影响深远

体育作为社会文化的重要组成部分,受到社会文化的深刻影响。一些社会文化问题会通过体育得以体现,并在体育领域中长期存在。例如,地域歧视、民族主义等问题在体育赛事中时有体现,需要长期关注和解决。

4. 变革需要时间

体育社会问题的解决往往需要社会各方的共同努力和推动,而这种变革需要时间来逐步实现。例如,提高运动员权益保护、推广体育教育等需要各方面共同参与和努力,不能一蹴而就。

(四)时代性

体育社会问题反映的是时代价值观,会受到政策、科技以及文化等多方面的因素影响。体育社会问题的时代性特点主要体现在以下几个方面。

1. 与社会发展紧密相关

体育社会问题往往与时代的社会发展紧密相关。例如,随着社会的进步和变革,人们对体育的需求和认知也在不断变化,这会对体育事业的发展和方向产生影响。

2. 反映时代价值观

体育社会问题往往能够反映出一个时代的价值观和道德观念。例如,在当今社会,人们对健康和环保的重视程度不断提高,这会在体育领域中得到体现,如体育赛事中的环保倡导和健康生活方式等。

3. 受科技进步影响

随着科技的进步,体育事业也在不断发展,同时也带来了一些新的社会问题。例如,随着社交媒体的发展,体育赛事中的网络暴力问题逐渐凸显。

4. 政策法规的变迁

随着时代的变迁,体育相关的政策法规也会随之变化。例如,随着反兴奋剂斗争的日益严峻,各国政府和国际组织纷纷加大反兴奋剂的监管和惩罚力度。

三、当前体育社会问题的表现形式

(一)伦理问题

1. 利益驱使的非法行为

由于受到利益的诱惑,部分体育管理队伍或个人为了达到目的,可能会使用非法手段,如买通裁判、伤害其他运动员等,以达到个人或团体的利益目的。

2. 兴奋剂使用

兴奋剂问题一直是体育界的一个重要伦理问题。运动员为了取得更好的成绩,可能会使用兴奋剂来增强体力、力量和耐力。这种行为不仅违反了体育道德,也给其他运动员带来了不公平竞争,需要规范和引导。

3. 球场暴力

球场暴力是体育社会问题中最为突出的问题之一。在足球等竞技体育比赛中,观众和球员之间的暴力冲突时有发生,这种行为严重违反了法律法规,危害了公共安全。每年在足球世界杯、欧洲杯以及各大俱乐部之间的比赛期间,球场暴力行为屡见不鲜,并且已经成为影响足球运动发展的一个十分严重的问题。不同球队的球迷往往因为比赛结果而引起骚乱、斗殴以及群体暴力活动,这些情况严重影响了城市的治安管理,威胁当地居民的生命安全问题,因此球场暴力涉及伦理道德和社会治安的问题,须引起足够的重视。

4. 体育赛事商业化

近年来,体育赛事的商业化程度越来越高,赞助商和广告商的影响力日益强大。这导致一些体育赛事过度商业化,比赛结果可能会受到金钱和利益的影响,从而影响比赛的公平性和公正性。

（二）管理问题

体育管理问题的存在影响了体育事业的健康发展,需要采取有效措施进行解决。例如,加强专业化管理、完善监管机制、培养管理人才、完善管理体制等,以促进体育事业的可持续发展。具体的体现如下。

1. 缺乏专业化管理

体育行业长期以来缺乏专业化管理,导致资源配置不均衡,运营效率低下。很多俱乐部和组织在运作方面缺乏规范性标准,如财务管理、人员培训等方面存在薄弱环节。

2. 商业化趋势过快

近年来,随着资本市场对于事物价值追求的不断扩大影响力等因素,并未得到适当引导和监管,在某种程度上带来了商业利益最大化、利益至上思维的潜在负面影响。商业化带来了不少问题,如黑幕、青少年专业培养困境等。

3. 缺乏有效的监管机制

体育市场监管严重不足,在管理方面没有有效监管和应对机制。此外,政府监管职能也存在不足之处,如市场准入的审批和退出机制不完善等。

4. 管理人才缺乏

体育管理人才缺乏是当前体育行业面临的重要问题之一。目前,体育管理人才的数量和质量都难以满足市场需求,尤其是在俱乐部管理、赛事运营等方面的人才更为稀缺。

5. 管理体制不健全

体育管理体制不健全也是当前体育社会问题存在的重要原因之一。目前,体育管理体制还存在很多漏洞和不足之处,如组织架构不合理、管理流程不规范等。

第七章 现代体育社会问题与应对研究

(三) 法律问题

1. 知识产权保护

在体育领域中,知识产权保护是一个重要的法律问题。例如,体育赛事的转播、商业赞助、广告宣传等涉及知识产权保护的问题,需要加强法律法规的制定和执行。

2. 运动员权益保护

运动员是体育领域中的重要组成部分,他们的权益保护涉及许多法律问题,如合同纠纷、伤病赔偿、退役安置等,需要完善相关法律法规。

3. 体育赛事的合法性

体育赛事的合法性是体育社会问题中一个重要的法律问题。一些不法分子可能会利用体育赛事进行赌博等活动,这种行为不仅违反了法律法规,也危害了体育赛事的公正性和公平性。

(四) 教育问题

1. 学校体育教育的地位不高

受传统应试教育观念的影响,一些学校过于注重文化课的学习,而忽略了体育教育的重要性,导致体育课程在学校教育中的地位不高。

2. 教学方法单一

目前,一些学校的体育教学方法过于单一,缺乏多样性和趣味性,难以激发学生的学习兴趣和积极性。

3. 师资力量不足

由于体育教师的数量和质量不足,导致一些学校的体育课程无法得到有效的教学和指导。

4. 家庭教育观念影响

一些家长过于关注孩子的文化课成绩,忽略了体育锻炼对孩子身心健康的重要性,影响了孩子参与体育活动的积极性和兴趣。

5. 缺乏社会体育教育资源

目前,社会上缺乏优质的体育教育资源和设施,导致一些学生无法接受良好的体育教育和锻炼。

(五)健康问题

1. 国民的日常运动不足

由于现代生活方式的变化,人们越来越依赖于交通工具,工作也常常在办公室内进行,导致缺乏足够的运动,长期下去容易导致肥胖、心血管疾病等健康问题。

2. 不合理的饮食习惯

现代社会中,快餐、零食等高热量、高脂肪、高糖分的食物越来越受到人们的青睐,而蔬菜、水果等健康食品的摄入量却相对不足,这种不合理的饮食习惯会导致肥胖、营养不良等健康问题。

3. 缺乏心理健康指导

体育活动不仅是身体的锻炼,也是心理的调节。然而,现代社会中人们往往忽略了心理健康的重要性,缺乏必要的心理健康指导和支持。

4. 过度训练和伤病

一些运动员为了追求更好的成绩,可能会进行过度训练,导致肌肉拉伤、关节损伤等伤病问题,严重时甚至会影响到他们的职业生涯。

5. 环境污染和空气质量差

一些地区的空气质量很差,长期在这样的环境中进行体育活动会对人体健康造成不良影响。

第七章　现代体育社会问题与应对研究

这些问题的存在需要我们加强健康管理和宣传教育,鼓励人们积极参与体育活动,保持健康的饮食和生活方式,同时也需要加强对心理健康的关注和重视。此外,政府和社会各界也应该采取有效措施来改善环境,为人们的健康提供更好的保障。

(六)性别问题

1. 性别歧视

在体育领域中,存在着明显的性别歧视现象。男子运动员在赛场上的表现往往比女子更受关注和崇拜,男子运动员的收入也普遍高于女子。女子运动员在职业生涯中面临着更多的限制和困难,如训练条件不足、赛事数量少等。这种性别歧视不仅影响了女子运动员的职业发展,也影响了女性参与体育活动的积极性。

2. 缺乏关注和支持

在体育领域中,女性往往缺乏足够的关注和支持。媒体对女子体育赛事的报道量相对较少,社会对女性运动员的认可度也相对较低。这导致女性在体育领域中的地位和影响力相对较低。

(七)资源分配问题

1. 地域发展不平衡

由于地域发展不平衡,导致体育资源在地域间的分配不均。一些发达地区和城市往往拥有更多的体育设施和资源,而一些欠发达地区和农村则相对缺乏。这种资源分配不均的现象可能导致地域间的体育发展差距加大。

2. 公共资源有限

公共体育资源是有限的,而人们对体育活动的需求却是不断增长的。这可能导致公共体育设施的拥挤和过度使用,进而引发资源分配的矛盾和冲突。

3. 资金不足

体育事业的发展需要大量的资金支持，包括基础设施建设、赛事运营、运动员培养等方面的费用。然而，由于政府投入不足或者市场开发不够等原因，可能导致资金短缺，进而影响体育事业的发展。

4. 人力资源不均

优秀的教练员、裁判员等人力资源在各个地区的分布并不均衡。一些地区可能拥有大量的优秀教练员和裁判员，而其他地区则相对缺乏。这种人力资源的不均衡分配也可能导致地区间的体育发展不平衡。

5. 缺乏合理规划和管理

在资源分配方面，缺乏合理规划和管理的现象也可能存在。比如，一些地区可能因为规划不合理而导致体育设施重复建设或者使用效率低下；或者因为管理不善而导致资源流失或浪费。

（八）安全问题

1. 场地设施安全问题

体育场地和设施在设计和建造过程中可能存在安全隐患，如场地不平整、设施老化、安全防护措施不到位等。这些隐患可能导致运动员受伤或观众意外伤害。

2. 赛事组织安全问题

大型体育赛事的组织过程中可能存在安全隐患，如人流控制不当、安全防范措施不严密等。这些问题可能导致观众拥挤、踩踏等安全事故。

3. 运动员伤病问题

运动员在训练和比赛中可能因为激烈对抗、技术动作失误等原因而受伤。严重的伤病可能影响运动员的职业生涯，甚至危及生命。

4.观众及社会安全问题

体育赛事的参与群体广泛,一些不法分子可能会利用体育赛事进行违法活动,如赌博、暴力事件等。这些行为可能对社会安全造成威胁。

5.网络安全问题

随着体育赛事的直播和转播的发展,网络安全问题也逐渐凸显。黑客可能会对体育赛事的直播平台进行攻击,窃取版权内容或进行非法传播,给赛事组织方和观众带来损失。

第二节 常见体育社会问题与积极应对

在体育发展的过程中,会不断衍生出一些问题,如何解决和积极应对这些问题成为当前亟待解决的问题。

一、常见的体育社会问题

(一)球场骚乱

球场骚乱是指在体育赛事进行过程中,观众、运动员或组织者之间发生的混乱、失序和暴力事件。球场骚乱问题对体育赛事的顺利进行和社会公共安全造成了严重的影响。

1.球场骚乱问题的成因

球场骚乱问题的成因较为复杂,其中主要包括以下几个方面。
(1)文化和社会因素
在一些国家和地区的文化中,体育赛事往往被赋予了特殊的政治和社会意义,这可能导致观众和参与者过度情绪化,容易引发骚乱。

（2）组织和管理问题

赛事组织不力、安全防范措施不到位、人流控制不当等管理问题也是导致球场骚乱的重要原因。

（3）观众因素

观众素质参差不齐,部分观众可能存在不文明行为和过激举动。这些行为可能引发其他观众的连锁反应,进而导致骚乱。

（4）运动员和裁判员因素

运动员和裁判员的行为也可能引发球场骚乱。例如,运动员的不当行为、粗暴动作或涉嫌假球等行为,以及裁判员的误判或不公判决,可能引起观众和参与者的不满和抗议。

2. 球场骚乱问题的危害性

球场骚乱问题具有较大的危害性,其中包括以下几个方面。

（1）人员伤害

球场骚乱可能导致观众、运动员和组织者之间发生冲突和暴力事件,造成人员伤害和财产损失。

（2）公共安全威胁

球场骚乱可能引发公共安全事件,对公共秩序和社会稳定造成威胁。

（3）体育事业受损

球场骚乱事件可能导致观众失去对体育赛事的兴趣和信任,影响体育事业的发展。

3. 解决措施

为了解决球场骚乱问题,需要采取一系列措施,包括以下几个方面。

（1）加强组织和管理

赛事组织者应加强安全管理,制定严密的安全防范措施和应急预案,确保赛事的顺利进行。同时,要合理规划和控制人流,防止过度拥挤和混乱。

（2）提高观众素质

通过加强宣传和教育,提高观众的文明观赛意识和法律意识,引导观众理性对待体育赛事,避免过激行为和冲突事件的发生。

第七章 现代体育社会问题与应对研究

（3）加强监管和执法

相关管理部门应加大对体育赛事的监管力度，对涉嫌违法犯罪的行为进行严厉打击，维护公共安全和社会秩序。

（4）促进社会共治

加强社会各方对球场骚乱的关注和参与，形成社会共治合力。通过媒体宣传、社区活动等多种方式提高公众对球场骚乱问题的认识和重视程度。

（5）国际合作与交流

加强国际合作与交流，学习借鉴其他国家和地区的成功经验和做法，共同应对球场骚乱问题。

总之，解决球场骚乱问题需要多方面的努力和协作，包括组织者、观众、运动员、政府和社会各方。只有共同努力、共同参与，才能有效预防和解决球场骚乱问题，确保体育赛事的顺利进行和社会公共安全。

（二）滥用禁药

体育运动中滥用药物的问题是一个严重的社会问题，它涉及运动员的健康、公平竞赛和体育道德等方面。服用兴奋剂是指竞赛运动员应用任何形式的药物或以非正常量或通过不正常途径摄入生理物质，企图以人为的不正当的方式提高自身的竞赛能力。尽管服用兴奋剂的危害已众所周知，国际奥委会反兴奋剂委员会和我国也都加大了对服用兴奋剂的检查和惩罚力度。但是，竞技成绩和利益的诱惑仍使一部分竞技工作者铤而走险，兴奋剂的种类也已从几十种发展到如今的数百种。层次和规模较大的运动会中兴奋剂服用事件仍屡有发生，兴奋剂检查机构不得不采用赛外、赛内、飞行检查等多种检查形式对运动员进行尿液或者血液的检查，不仅给运动员的赛程安排造成了影响，同时，也是人力财力的巨大浪费。滥用禁药对运动员本身是身体的摧残，对体育精神是一种侮辱。

首先，滥用药物对运动员的健康造成严重危害。许多运动员为了提高成绩或为了满足比赛中的某些特殊要求，会使用各种药物。其中一些药物可能对身体健康产生负面影响，甚至危及生命。例如，一些激素类药物可以增加肌肉量，提高耐力，但长期使用可能导致心血管疾病、肝脏问题等健康问题。

其次,滥用药物破坏了体育比赛的公平性和道德原则。在比赛中使用药物会让运动员获得不公平的优势,损害其他运动员的权益。这不仅违背了体育比赛的公平竞争原则,也破坏了体育比赛的道德底线。滥用药物让比赛结果变得不可预测,损害了观众的观赏体验和对体育比赛的信任。

最后,滥用药物问题也对体育组织的管理提出了挑战。国际体育组织和各国政府一直在努力打击滥用药物行为,制定了一系列严格的反兴奋剂法规和政策。这些法规和政策要求运动员接受严格的兴奋剂检测,并对违规行为进行严厉处罚。然而,滥用药物问题仍然存在,一些运动员和教练员仍然冒险使用违禁药物。这表明了滥用药物问题的复杂性和艰巨性。

为了解决体育运动中滥用药物的问题,需要采取一系列措施。首先,加强教育和宣传,提高运动员和相关人员的体育道德和法律意识,让他们明白滥用药物的危害性和违法的严重性。其次,完善反兴奋剂法规和政策,加大兴奋剂检测力度,提高违规行为的处罚力度,形成有效的威慑力。最后,推动科研和技术创新,加强对药物滥用的研究和检测方法的改进,提高检测的准确性和可靠性。

总之,体育运动中滥用药物的问题是一个严重的社会问题,需要各方面共同努力来解决。这包括加强教育宣传、完善法规政策、推动科研创新等措施。只有这样,才能有效遏制滥用药物行为的发生,保护运动员的身心健康,维护体育比赛的公平和道德原则。

(三)运动员资格作弊

运动员资格作弊是一种严重的体育道德问题,它涉及欺骗、滥用药物或使用不正当手段获得参赛资格等行为。这种行为不仅违反了体育竞赛的公平原则,也对其他运动员和整个体育界造成了损害。运动员虚报年龄、使用伪身份证、篡改职业和籍贯以求取得相应参赛资格的事件在每届大型运动会中都有发生,有利益分享的教练员和管理单位公然怂恿和包庇这种严重败坏体育道德风尚的作弊事件。虽然每届运动会都会设立道德风尚奖,但是利益作祟使这一奖项有时形同虚设。这一不良风气已渗透到体育的各种规模和各个项目的赛事,包括群众体育。在我国,企业或街道比赛也已出现参赛人员资格作弊的现象,只是为了争得所谓的"荣誉",致使相关举办单位不得不进行参赛人员多重证件的检查,这是对大众健身和体育娱乐作用的讽刺。

(四)"假球""黑哨""赌球"

"假球""黑哨""赌球"已成了体育商业运作后球场的三大顽症。"假球""黑哨"和"赌球"等问题的具体表现形式可能因比赛类型、地区和国家而异。以下是一些常见的现象。

1. 假球

比赛中球队故意输掉比赛,以获得不当利益或避免惩罚。这种行为可能导致球队失去球迷的支持,破坏体育赛事的声誉和信任。

2. 黑哨

裁判员在比赛中出现明显的误判或偏袒某支球队的情况。这种行为不仅违反了比赛规则和职业道德,也损害了体育竞赛的公平性。

3. 赌球

球迷或参与者通过赌博的方式参与足球、篮球等体育运动。这种行为可能会导致财务损失和社会不良影响。

这些问题的根源在于运动员、教练员、裁判员等相关人员的道德素质低下和职业操守缺失。

(五)行贿、受贿

体育中的行贿受贿问题是一个严重的问题,它破坏了体育比赛的公平竞争原则,损害了体育道德和伦理。从奥运会、世界杯足球比赛到小型的体育比赛,从申办到组织,直至最后的评估,行贿、受贿使体育蒙上了阴影。

1. 导致行贿受贿问题的原因

以下是一些可能导致行贿受贿问题的原因。

（1）利益驱动

在体育比赛中,胜利和失败往往与巨大的利益相关,比如商业赞助、广告收入、转播权等。因此,一些人可能会为了获得胜利而采取不正当手段,包括行贿受贿。

（2）缺乏监管

一些体育组织可能缺乏有效的监管机制,无法及时发现和处理行贿受贿问题。或者即使发现了问题,也可能因为缺乏有效的惩罚机制而无法遏制这种行为。

（3）个人道德观念不强

一些体育从业人员的个人道德观念不强,可能会为了个人利益而采取不正当手段。这可能与他们的教育和职业背景有关。

2. 体育行贿受贿问题的解决措施

为了解决体育中的行贿受贿问题,可以采取以下措施。

（1）提高个人道德观念

通过教育和培训,提高体育从业人员对道德和伦理的认识,让他们更加重视诚信和公平竞争。

（2）加强惩罚力度

对于发现的行贿受贿行为,应该严厉惩罚,起到震慑作用。这包括取消比赛成绩、罚款、禁赛等措施。

（3）提高透明度

通过公开透明的方式让更多的人了解比赛的流程和规则,减少不正当手段的发生。这包括公开比赛结果、公开运动员和教练员的个人信息等。

（六）种族歧视问题

体育中的种族歧视问题是一个复杂而敏感的问题,它涉及文化、社会和历史等多个方面。种族歧视在体育领域中表现为对某些种族或族群的歧视、排斥、辱骂和暴力行为,这种行为不仅违反了体育精神和道德准则,也严重损害了体育比赛的公平、公正。

第七章　现代体育社会问题与应对研究

1. 导致体育中种族歧视问题的常见原因

以下是导致体育中种族歧视问题的一些常见原因。

(1)种族偏见和歧视

有些人对某些种族或族群持有偏见和歧视,认为他们低人一等,不值得与自己平等竞争。这种偏见和歧视往往源于历史和文化上的偏见和歧视。

(2)种族认同和归属感

有些人可能因为自己的种族或族群背景而感到自豪和认同,而这种认同和归属感可能会导致对其他种族的歧视和排斥。

(3)媒体和舆论的影响

媒体和舆论在塑造人们的观念和态度方面起着重要作用。一些媒体和舆论可能对某些种族或族群持有偏见和歧视,这种偏见和歧视可能会影响人们对体育比赛的看法和态度。

2. 解决体育中种族歧视问题的措施

为了解决体育中的种族歧视问题,可以采取以下措施。

(1)增强意识

通过教育和宣传,提高人们对种族歧视问题的认识和理解,培养平等、公正和包容的价值观和文化素养。这包括在体育课程中加入反种族歧视的内容,加强对运动员和观众的教育等。

(2)加强监管和惩罚

体育组织应该加强监管,建立有效的机制来发现和处理种族歧视问题。对于发现的种族歧视行为,应该严厉惩罚,起到震慑作用。这包括罚款、禁赛等措施。

(3)促进多元文化和包容性

鼓励和支持不同种族和文化背景的人们参与体育比赛,促进多元文化和包容性的发展。这包括增加对少数族群的关注和支持,促进不同文化之间的交流和理解等。

(4)发挥领导作用

体育组织和运动员应该发挥领导作用,积极倡导反种族歧视的价值观和文化,通过自身的言行影响更多的人。这包括公开反对种族歧视的言论和行为,支持反种族歧视的组织和活动等。

（七）性别歧视问题

1. 运动项目的性别隔离

一些运动项目长期以来被视为男性或女性的领域，导致男女运动员在某些项目上的参与和机会存在明显差异。这种性别隔离不仅限制了女性运动员的发展和机会，也影响了整个体育领域的多样性和发展。

2. 体育赛事的性别歧视

在一些体育赛事中，男女运动员的待遇和机会存在明显差异。例如，一些重大赛事的男子项目和女子项目在奖金、曝光度和关注度等方面存在很大差距。这种性别歧视不仅不公平，也阻碍了女性运动员在体育领域的发展和进步。

3. 体育教育的性别不平等

在体育教育方面，男女学生在课程设置、设施和师资等方面可能存在不平等。一些学校可能更注重男生的体育教育和运动发展，而忽视女生的需求和权益。这种不平等的教育资源配置可能导致男女学生在体育领域的发展和机会存在差距。

4. 社会观念和文化影响

社会观念和文化对男女在体育领域的角色和期望存在偏见和刻板印象。例如，一些人可能认为女性在体育领域的能力和兴趣不如男性，或者认为女性应该只参与某些特定的运动项目。这些观念和偏见可能导致女性在体育领域的发展和机会受到限制。

（八）竞技体育与学校体育、群众体育失衡

竞技体育、学校体育和群众体育是体育领域的三个重要组成部分，它们各自有着不同的功能和目标，但它们之间也存在着相互影响和联系。然而，在现实中，竞技体育、学校体育和群众体育之间可能会出现失衡的现象。

第七章 现代体育社会问题与应对研究

竞技体育是以比赛和奖牌为主要目标的高水平体育训练和比赛，它需要高度的专业化训练。由于竞技体育需要大量的资金、资源和关注度，因此，在一些国家或地区，政府和体育机构可能会过度强调竞技体育的发展，而忽视学校体育和群众体育的发展。这种失衡可能导致以下问题。

1. 资源分配不均

大量的资金和资源被投入竞技体育中，而学校体育和群众体育的资源则受到限制。这可能导致学校体育和群众体育的发展受到阻碍，无法满足人们的需求。

2. 教育缺失

学校体育是培养学生身心健康和运动技能的重要途径。如果学校体育的发展受到忽视，学生的身心健康和运动技能可能会受到影响。

3. 社会参与度低

群众体育是促进全民参与体育活动的重要方式。如果群众体育的发展受到忽视，可能会导致社会参与度低，无法实现全民健身的目标。

二、对常见体育社会问题的积极应对

（一）行政途径

1. 制定相关政策法规

政府可以制定相关的政策法规，规范体育行业的发展，保障体育参与者的权益，促进体育事业的公平、公正。例如，制定反兴奋剂条例、运动员资格审查制度等。

2. 设立行政机构

政府可以设立专门的行政机构，负责管理体育事务，监督体育行业的发展，处理体育纠纷和违规行为，如国家体育总局、各级体育局等。

3. 实施行政指导

政府可以通过行政指导的方式,引导体育行业的发展方向,推广科学的体育理念和方法,提高体育参与者的素质和技能水平,如发布体育发展指南、制定体育教育标准等。

4. 资金投入

政府可以通过加大对体育事业的投入,建设更多的公共体育设施,提高体育服务的覆盖面和质量,促进全民健身的普及和发展。

5. 行政调解

当体育纠纷发生时,政府可以通过行政调解的方式,协调各方利益,达成和解协议,化解纠纷。例如,对运动员资格争议、比赛争议等进行调解处理。

(二)法律途径

1. 建立完善的法律法规体系

政府应该制定和实施相关的法律法规,保障体育参与者的权益,规范体育行业的发展。例如,制定《体育法》《反兴奋剂法》等法律法规,明确体育行业各方的权利义务和法律责任。

2. 司法救济

当体育纠纷发生时,当事人可以通过司法途径寻求救济。例如,通过民事诉讼、刑事诉讼等方式,维护自身权益。

3. 法律服务

政府可以设立专门的法律服务机构,为体育参与者提供法律咨询、法律援助等服务,保障他们的合法权益。

第七章 现代体育社会问题与应对研究

4. 行政执法

政府相关行政机构应该依法履行职责,对体育行业进行监管,对违规行为进行查处,保障公平竞争和市场秩序。

5. 法律监督

通过法律监督机构对体育行业进行监督,确保法律法规的执行和遵守。例如,对体育赛事的监督、对运动员资格的审查等。

(三)纪律途径

纪律是国家机关或社会团体为自己的成员规定的行为准则,与法律不同的是,因各组织的性质、目标不同,不同的组织有不同的纪律,所以纪律有多样性的特点。纪律是法律的辅助手段,也具有强制性和不可违背性。纪律途径在解决行为性体育社会问题中起着重要作用。

(四)社会舆论途径

1. 建立良好的信息传播机制

媒体是信息传播的重要渠道,应该建立良好的信息传播机制,及时报道体育赛事和相关事件,让公众了解真相和事实。同时,媒体也应该发挥舆论监督的作用,对违规行为和不良现象进行曝光和批评。

2. 倡导正确的价值观和道德观

媒体和舆论应该倡导正确的价值观和道德观,弘扬体育精神,传播正能量,引导公众树立正确的体育观念和态度。例如,宣传公平竞争、反对兴奋剂、尊重裁判判决等价值观。

3. 鼓励公众参与和监督

公众是体育事业的主体之一,应该鼓励公众积极参与体育事务的监督和管理。例如,通过民意调查、公开征集意见等方式,了解公众对体育事业的看法和建议,加强社会监督。

4. 建立有效的反馈机制

公众对体育赛事和相关事件有意见和建议时,应该建立有效的反馈机制,让公众的声音能够被听到和重视。例如,设立专门的反馈渠道、建立在线投诉平台等。

5. 发挥行业组织和团体的作用

行业组织和团体在体育事业中发挥着重要的作用。例如,运动员协会、教练员协会、体育爱好者协会等。这些组织和团体可以通过自身的活动和倡议,影响社会舆论,推动体育事业健康发展。

(五)其他途径

其主要包括道德、习俗、信仰等手段。它们主要是通过对人的思想、观念、认识等产生作用,然后再对解决体育社会问题产生影响。例如,"运动场暴力"问题,不仅影响正常的体育比赛,还对运动员和观众的生命安全造成威胁,通过对运动员进行"职业道德"教育后,可以适当地缓解或解决这一问题。这些途径虽然不像行政途径、法律途径来得强烈和直接,但在解决体育社会问题过程中,也能起到一定的作用。

第三节 社会转型期我国体育法治问题与治理

体育治理是国家治理的重要组成部分,我国的体育治理体系主要通过《中华人民共和国宪法》《体育法》等法律政策和法规加以规定,目标是保障公民应有的体育权利和体育事业的发展和正常运行。目前我国正处于社会转型期,也是社会发展快速时期,这一时期会有问题多发、复杂且相互叠加等基本特征。对于这一现象,必须从法治建设开始,加强治理,以保障我国体育事业的持续发展。

第七章 现代体育社会问题与应对研究

一、社会转型期出现的结构性体育问题

(一)体育资源分配问题

在社会转型期,体育资源分配也面临着一系列问题。例如,城乡之间、地区之间的体育资源分配不均衡,导致基层体育事业发展滞后。此外,不同运动项目之间的资源分配也存在不合理现象。具体体现如下。

1. 地域性不均衡

中国体育资源主要集中在东部沿海和经济发达地区,而西部地区和农村地区的体育资源相对匮乏。这种地域性不均衡导致部分地区体育事业发展滞后,影响了全民健身和竞技体育的发展。

2. 城乡差距明显

中国的城市和农村在体育设施、体育师资力量、体育活动组织等方面存在明显差距。城市的体育资源丰富,而农村的体育资源相对稀缺,这种情况不利于农村居民的身心健康和农村体育事业的发展。

3. 竞技体育与群众体育不协调

中国的竞技体育资源相对丰富,而群众体育资源相对稀缺。这种不协调导致群众体育发展滞后,竞技体育的发展也难以得到有效支撑。

4. 体育资源配置行政化

中国体育资源配置存在行政化倾向,资源配置的效率和效益受到影响。同时,行政手段干预过多也限制了市场机制在体育资源配置中的作用。

5. 体育人才流失与浪费

由于体育资源配置的不合理和地域性不均衡,一些地区的优秀体育人才流失到其他地区,导致部分地区的体育事业发展缺乏人才支撑。同时,一些地区的体育人才得不到有效利用和发挥,造成人才浪费。

（二）体育赛事管理问题

在社会转型期,体育赛事的管理也面临着一系列问题。例如,赛事组织不够规范、赛事安全保障不够完善、赛事运营市场化不够成熟等方面的问题都需要得到解决。

1. 赛事资源分散

中国体育赛事资源较为分散,赛事组织、场地、器材等资源的使用不够集中,这增加了组织管理的难度,也影响了资源的有效利用。

2. 赛事组织不规范

一些体育赛事的组织不够规范,缺乏必要的监管和规范措施,导致赛事质量参差不齐。例如,一些赛事的安保、医疗保障等方面存在明显不足,给参赛者和观众带来安全隐患。

3. 赛事市场开发不足

一些体育赛事的市场开发不足,缺乏商业化的运作和营销手段,导致赛事的知名度和影响力有限。同时,市场开发的不足也影响了赛事的可持续发展,难以形成品牌效应。

4. 赛事人才缺乏

体育赛事管理需要具备专业化的人才,包括赛事策划、组织、运营等方面的人才。然而,目前中国体育赛事管理人才相对缺乏,这制约了体育赛事的规范化、专业化发展。

（三）体育产业结构问题

在社会转型期,体育产业结构往往面临调整和优化的需求。例如,本体产业的发展不够大,缺乏支柱性优势,同时存在缺位的本体产业市场,如体育劳务市场和体育技术市场等。此外,体育产业结构的缺陷还表现在市场运作不够规范,如运动员转会存在行政干预的痕迹等。

第七章　现代体育社会问题与应对研究

1. 体育服务业占比偏低

中国的体育产业结构中,体育用品业占比过高,而体育服务业占比偏低。这导致体育产业结构单一,缺乏多元化和完整性,也限制了体育产业的创新和升级。

2. 体育产业结构区域发展不平衡

中国各地区的体育产业结构存在不平衡的现象。一些地区的体育产业发展较为滞后,缺乏完整的产业链和产业集群,影响了体育产业的区域协调发展。

3. 体育产业与其他产业融合度不高

体育产业是一个与其他产业密切相关的产业,需要与旅游、文化、健康等相关产业进行深度融合。然而,目前中国体育产业与其他产业的融合度不高,缺乏有效的合作和协同发展机制。

4. 体育产业创新能力不足

中国的体育产业在技术创新、品牌建设、营销手段等方面相对滞后,缺乏具有国际竞争力的品牌和产品。同时,体育产业的创新环境和创新能力也需要进一步加强。

(四)就业结构问题

在社会转型期,就业结构作为社会劳动力资源的分配体系也在不断调整和优化。在体育领域中同样如此,包括体育从业者的素质技能和就业能力、社会提供的就业机会和就业场所等方面的问题。

(五)体育管理体制问题

社会转型期往往伴随着管理体制的变革,体育管理体制也不例外。例如,政府在体育管理中的作用、体育组织的自主权、赛事审批制度等问题都需要进行调整和改革。

二、社会转型期影响法制治理的因素

（一）信仰缺失和利益至上的狭隘价值观的影响

在社会转型期间,由于市场经济体制还在逐步完善的过程中,以及相应的法治建设还不够健全,这就使一些人缺乏法治观念,以狭隘的利益至上为价值追求,大搞"利益交换"等违背社会公序良俗的暗箱操作手段,以为个人谋求利益。出现这一现象的原因主要有两点。

第一,在社会转型期法治建设还未完善,存在一些明显的漏洞,这就让一些投机者创造了机会。

第二,社会转型期,社会在各个方面的发展都是非常快速的,此时如果一个社会缺乏稳定的信仰和价值观主导,就会出现随着经济竞争而出现一些公然挑战人们价值体系的行为,如"操控比赛""假球"以及"黑哨"等现象层出不穷。此时必须通过立法加强法制治理,改变"人治"大于"法治"的弊端,使我国体育事业的发展尽快回归到健康、正常的轨道上。

（二）一元式体育治理模式制约多元治理的发挥

我国的体育发展实践主要是政府主导下的"举国体制",体育的管理体制受到我国政治体制的格局影响,呈现了治理主体的单一化特征,也就是以党政为权力核心对体育事业进行统一的管理。权力相对集中是我国体育管理体制的显著特征。在这种情况下,就会产生一元式体育治理模式制约多元治理能力发挥,从而导致问题的出现,主要体现在以下几个方面。

1. 缺乏多元参与

一元式体育治理模式下,政府成为唯一的治理主体,其他社会组织和公众难以参与其中。这会导致体育治理的决策和执行缺乏多元视角和意见,难以全面反映社会的需求和期望。

2. 难以有效协调

一元式体育治理模式下,政府需要承担所有的治理责任,但往往难以有效协调各个利益相关方之间的关系,导致资源分配不均、利益冲突等问题。

3. 缺乏市场机制

一元式体育治理模式下,政府往往成为体育资源的唯一提供者,缺乏市场竞争和激励机制。这会导致体育资源的配置效率低下,无法充分利用市场机制的优势。

4. 创新能力不足

一元式体育治理模式下,政府成为唯一的创新主体,其他社会组织和公众难以发挥创新能力。这会导致体育治理的创新动力不足,难以适应快速变化的社会环境。

5. 难以应对突发事件

一元式体育治理模式下,政府需要承担应对突发事件的全部责任。但政府在应对突发事件时可能存在信息传递不及时、协调不力等问题,导致突发事件应对效果不佳。

三、推进"依法治体"的现代化体育治理

(一)以依法治体为前提优化法治环境

随着改革开放的逐渐深入,由市场主导中国经济发展的格局逐步确立。但是体育事业管理格局的转型仍然处在政府主导的管理体制时期,只有部分项目开始尝试向市场主导的转型。在这一社会转型期,随着体育事业的发展和暴露出的一些问题,促使政府由过去的"全能型体育管理者"逐渐向"有限型体育管理者"过渡。一些滞后的体育管理法规已经不再适应新时期的发展需要,当前,亟须建立新的体育立法,以更加符合社会发展趋势的、现代化的法律和政策治理社会体育的健康发展,推进"依法治体"的现代化体育治理体系,具体可以从以下几个方面入手。

1. 完善体育法律法规体系

建立健全体育法律法规,完善配套制度,确保体育事业有法可依。同时,要加强对现有法律法规的宣传和普及,提高全社会的体育法律意识和素养。

2. 规范体育行政执法

加大体育行政执法力度,规范行政行为,确保各项法律法规得到有效执行。同时,要建立健全体育执法监督机制,防止执法不公、不严格等问题。

3. 推进体育事业改革

深化体育管理体制改革,推进体育事业的市场化和社会化,促进体育产业的快速发展。同时,要加强对体育市场的监管,保障公平竞争和消费者权益。

4. 加强社会体育组织建设

鼓励和支持社会体育组织的发展,提高其自我管理和服务能力。同时,要加强与社会体育组织的合作与交流,共同推动体育事业的发展。

5. 强化体育人才队伍建设

加强体育人才的培养和管理,提高其专业素质和职业道德水平。同时,要建立健全体育人才评价和激励机制,激发其积极性和创造力。

6. 推进体育信息化建设

加强体育信息化建设,提高信息传递和管理的效率。同时,要加强对信息化建设的监管和管理,确保信息安全和稳定。

(二)以依法治体为前提提升体育多元治理能力

以依法治体为前提提升体育多元治理能力是指,提倡国家在与社会

第七章　现代体育社会问题与应对研究

的协调互动中,增强制度的实施能力,进而形成民主、法治、公平、透明的制度实施体系,为体育多元治理的发展创造空间,具体可从以下几个方面入手。

1. 鼓励多元参与

建立健全多元参与机制,鼓励社会组织和公众参与体育治理,提高治理的民主化和透明度。同时,要建立健全利益协调机制,妥善处理各方利益诉求。

2. 优化资源分配

建立健全资源分配机制,确保体育资源得到公平、合理地分配。同时,要加强对资源使用的监管和评估,提高资源利用效率。

3. 提升创新能力

加强创新能力建设,鼓励创新思维和创新实践。同时,要建立健全创新激励机制,激发全社会的创新活力。

4. 强化应急管理能力

建立健全应急管理机制,提高应对突发事件的能力。同时,要加强信息报告和预警系统建设,确保及时应对和处置突发事件。

第四节　现代体育社会控制

现代体育的社会控制是多方面的,如按照法律法规的明确程度可分为正式控制和非正式控制,或者按照奖惩制度分为积极控制和消极控制,以及硬控制和软控制几种。这里主要介绍最为基本的硬控制和软控制。

一、社会对体育的硬控制

社会对体育的硬控制是指通过社会强制力对体育行为进行的控制，包括行政力量、法律、纪律等手段。这种控制通常是通过制订体育方针、政策、调拨体育经费、任免体育官员、审批体育社会团体、开展重大体育活动等方式来实现。政府可以通过对各种体育理论的选择和评价，组织研究体育的发展战略，编制体育的规划和计划等手段来实施对体育整体的、长远的控制。

（一）行政力量对体育行为的控制

政府利用政权的行政力量对体育实施宏观控制。其包括制定和执行政策法规、财政支持与经费调拨、行政审批和管理、行政干预和强制力等。政府通过制定和执行相关的体育政策法规，对体育行为进行规范和管理。例如，政府可以制定体育比赛规则、运动员注册制度、体育场地建设标准等，并通过行政手段保证其得以实施。以及政府可以通过财政支持和经费调拨的方式，对体育事业进行宏观调控。例如，政府可以拨款建设体育设施、提供体育器材、资助体育赛事等，以促进体育事业的发展。再有，政府可以通过行政审批和管理的方式，对体育组织的成立、赛事的举办等进行监管。例如，政府可以对体育组织的注册进行审批、对赛事的举办进行许可等，以确保体育行为的合法性和规范性。同时，政府的行政干预和强制力也是必不可少的。例如，政府可以对违规的体育行为进行处罚、对重大赛事进行安全保障等，以确保体育行为的正常进行。

（二）法律对体育行为的控制

政权的控制常常是通过立法来实现的。宪法是控制国家体育事业的根本大法。体育法是体育事业的基础性法律。有关体育的各种法令、规章、条例、办法的颁布，都可以对体育进行控制。

体育法是体育事业的基础性法律，对任何体育活动都有约束作用。体育的各种法律法规和章程，如《中华人民共和国体育法》《全民健身条例》等都对体育的各个领域进行控制。

行政力量对体育行为的控制,如政府利用行政力量对体育方针政策的制定、体育经费的调拨、体育官员的任免、体育社团的审批等进行控制。

此外,法律还规定了对体育违法行为的具体处罚措施,包括行政处分、罚款、责令停止违法活动、治安管理处罚等。这些措施旨在保护体育事业的健康发展,维护公平竞争的体育环境,保障参与体育活动的人的合法权益。

此外,在体育领域,政府还要确立一些特殊的制度来保障对体育的控制,如《国家体育锻炼标准》、运动员、教练员、裁判员、社会体育指导员技术等级制度,体育节制度、体育竞赛制度、体育奖励制度、体质测定制度等。

(三)纪律对体育行为的控制

纪律对体育行为的控制,这是指一定社会集团规定并要求其所属成员必须遵守的行为准则的总和,只限于本集团,只借用集团的行政手段,执行纪律不动用国家机器的强制力量,只凭借集团的行政手段。

比如体育社会中的体育学校、俱乐部、机构等,都有各自详细的纪律要求和规定,作为管理学生、运动员、教练员、裁判员等人员,以及组织一些教学活动、赛事活动的基本手段。体育中的纪律必须与社会的法律精神相符,超越法律的纪律和惩罚有可能侵犯人权,是不允许的。

二、社会对体育的软控制

依赖于社会舆论和心理控制所进行的控制,属于软控制。体育作为一种社会文化,是以丰富人们业余生活为主要目标,因此这些活动的主体与体育的关系相对较为松散和自由,因此对体育的软控制,就成为一种最常用的、潜在的控制。

（一）风俗对体育的控制

体育是每个民族风俗的组成部分,风俗对体育的形式和内容有一定的制约作用。例如,某些民族的传统体育项目只能在特定的节日或庆典活动中进行,这些活动往往与该民族的信仰、文化和生活方式密切相关。

风俗对体育的控制还表现在对体育活动的参与方式和规则的限制上。例如,某些体育项目只允许特定的人群参与,或者在参与过程中需要遵循特定的礼仪和规范。这些规定往往与该民族的传统习俗和道德观念相一致。

风俗对体育的控制还表现在对体育活动的评价标准上。例如,某些民族的传统体育项目注重的是参与者的技巧、力量、勇气等方面的表现,而其他民族可能更注重参与者的团队合作、智慧等方面的表现。这些评价标准往往与该民族的文化和价值观相一致。

总之,风俗对体育的控制是一种潜移默化的影响,它通过将体育活动与民族文化、价值观和道德观念相结合,来促进体育活动的普及和发展,同时也维护了社会的稳定与和谐。

（二）道德对体育的控制

道德对体育的控制主要体现在道德规范与评价、舆论监督和个人良知与自律几个方面。

体育道德规范是指,运动员、教练员和裁判员在体育活动中应当遵循的道德准则,如公平竞争、尊重裁判、不伤对手等。这些规范旨在保证体育比赛的公正性和公平性,维护参与者的权益。

通过社会舆论和道德评价,可以对体育行为进行监督和制约。如果违反体育道德规范,可能会受到社会的谴责和惩罚,这会促使人们更加注重遵守体育道德规范。

另外,运动员、教练员和裁判员等应该具备高度的道德良知和自律性,自觉遵守体育道德规范,自我监督和调节体育行为,使之符合社会需要。

总之,道德对体育的控制是一种内在的约束力,它通过规范、评价和自律等手段,促使人们自觉遵守体育道德规范,维护体育比赛的公正性和公平性,推动体育事业的健康发展。

(三)信仰和信念

信仰和信念可以增强运动员的意志力和毅力。在体育比赛中,运动员需要克服各种困难和挑战,如果没有坚定的信仰和信念,很难在比赛中坚持到底。

信仰和信念可以帮助运动员保持积极的心态。在体育比赛中,胜败乃兵家常事,但是拥有坚定的信仰和信念,可以帮助运动员保持积极的心态,从失败中汲取经验教训,不断进步。

信仰和信念可以促进团队凝聚力和协作精神。在体育比赛中,团队成员需要相互信任、相互支持,这种凝聚力和协作精神往往来自共同的信仰和信念。

信仰和信念可以帮助运动员超越自我。在体育比赛中,运动员需要不断挑战自我、超越自我,这种动力往往来自内心的信仰和信念。

信仰和信念可以帮助运动员树立正确的人生观和价值观。通过参与体育比赛,运动员可以更加深刻地认识到人生的意义和价值,从而树立正确的人生观和价值观。

信仰和信念对体育的控制是一种内在的力量,对体育行为进行控制和引导,推动体育事业的健康发展。

参考文献

[1] 王国庆. 体育社会学研究 [M]. 北京：经济科学出版社，2016.

[2] 李武绪. 体育运动的社会学研究 [M]. 北京：光明日报出版社，2015.

[3] 王月华，王淑清. 学校体育学与社会 [M]. 长春：吉林大学出版社，2010.

[4] 卢元镇. 中国体育的命运与体育社会学的价值 [J]. 体育学刊，2023,30（05）：1-2.

[5] 姚依丹. 我国体育社会学研究的知识图谱分析 [D]. 大连：大连理工大学，2020.

[6] 岳游松. 体育大事件：体育社会学研究的新视角 [J]. 体育成人教育学刊，2017,33（02）：19-21.

[7] 薛永胜. 我国体育社会学的发展研究 [J]. 当代体育科技，2016,6（34）：203-204.

[8] 李欣，冉建. 改革开放四十年新中国体育社会学发展动态、不足与未来 [J]. 成都大学学报（社会科学版），2018（05）：105-111.

[9] 卢元镇. 中国体育社会学（修订本）[M]. 北京：北京体育大学出版社，2000.

[10] 林勇虎. 体育的社会学探索 [M]. 沈阳：万卷出版公司，2005.

[11] 黄捷荣，李泽润. 体育社会学 [M]. 广州：广东高等教育出版社，1990.

[12] 顾渊彦. 体育社会学 [M]. 南京：南京师范大学出版社，1999.

[13] 刘德佩. 体育社会学 [M]. 北京：人民体育出版社，1990.

[14] 石洁琦. 中国与国外体育社会学科发展的比较研究：理论框架和方法论的探讨 [C]. 中国体育科学学会. 第十三届全国体育科学大会

论文摘要集——专题报告(体育社会科学分会).广州体育学院,2023:3.

[15] 仇军,田恩庆.阐释与转化:体育社会学的理论基础与现实运用[J].山东体育学院学报,2023,39(05):1-12+79.

[16] 郭振,王松.叙事的转向:历史社会学视野下的体育社会学[C].中国体育科学学会.第十三届全国体育科学大会论文摘要集——专题报告(体育史分会).清华大学,2023:3.

[17] 田恩庆,仇军.欧美体育社会学研究中的理论运用及比较[J].上海体育学院学报,2016,40(05):25-36.

[18] 黄彦军."十一五"期间我国体育社会学研究述评[J].上海体育学院学报,2011,35(1):55-57.

[19] 李新红.我国体育人文社会学学科发展反思与策略研究[J].山东体育学院学报,2012,28(2):103-106.

[20] 季谋芳.近10年我国体育社会学研究述评[J].广州体育学院学报,2012,32(6):13-18.

[21] 王越.体育人文社会学研究较有影响的论文分析[J].北京体育大学学报,2013,26(12):48-56.

[22] 王越.体育人文社会学较有影响的图书[J].西南民族大学学报,2013(12):225-233.

[23] 杨佳佳.我国体育人文社会学研究概况[J].北京体育大学学报,2013,36(10):38-43.

[24] 周美汐.我国体育人文社会学作者机构学术影响力分析[J].西南民族大学学报,2013(11):228-236.

[25] 陈小英.对我国体育社会学研究若干问题的分析[J].体育学刊,2014,21(3):44-46.

[26] 周进国.我国体育社会问题研究的理论思考[J].首都体育学院学报,2014,26(5):399-403.

[27] 马卫平.我国体育人文社会学研究中的几个热点——基于社会科学基金体育学立项课题的分析[J].体育科学,2015,35(2):3-13.

[28] 李佳宝.论质性研究与中国体育社会学本土化发展[J].体育科学研究,2017,21(2):48-51.

[29] 朱亚成.群众体育转型发展——2016年全国体育社会科学年会综述[J].浙江体育科学,2017,39(2):50-54.

[30] 魏苗苗."十二五"期间国家社科基金体育学立项项目研究[D].

新乡：河南师范大学，2017.

[31] 吕树庭.加强学科建设回应全民健身——体育社会学学科建设的成绩、问题与应对策略[J].广州体育学院学报，2018，38（1）：1-6.

[32] 刘国永.对新时代群众体育发展的若干思考[J].体育科学，2018，38（1）：4-8.

[33] 卢元镇.中国体育社会学的兴起与发展[J].天津体育学院学报，1993（4）：4-9.

[34] 卢元镇.中国体育社会学进展及其基本特征[J].体育科研，1996（3）：1-9.

[35] 卢元镇.中国体育社会学学科进展报告[J].北京体育大学学报，2003（1）：1-5.

[36] 冯晓丽.20世纪90年代中国体育社会学研究进展[J].体育学刊，2004（111）：41-44.

[37] 卢元镇.体育人文社会学的学科集成与研究前沿[J].体育学刊，2005（1）：4-7.

[38] 卢元镇.中国体育社会学三十年[J].吉林体育学院学报，2008（5）：1-5.

[39] 韩春利.我国体育人文社会学发展现状问题与对策研究[J].北京体育大学学报，2008，31（9）：1166-1170.

[40] 聂世轩.中国体育社会学研究的热点变迁及领域[D].郑州：郑州大学，2022.

[41] 白光斌，王晓伟，高鹏飞.我国社会转型中的体育法治问题与国家治理——以国家治理能力为理论视角[J].体育与科学，2015，36（04）：88-93.

[42] 武秋言，蔡艺.人类命运共同体视域下中国特色奥林匹克教育的发展契机与应然路径[C].中国体育科学学会.第十三届全国体育科学大会论文摘要集——专题报告(体育社会科学分会).湖南工业大学体育学院，2023：3.

[43] 南宇.全球视野下我国社会体育学的发展趋势及对策研究[J].今日财富，2019（24）：65.

[44]（英）理查德·朱利亚诺蒂著.体育社会学（第2版）[M].李睿，译.北京：中国人民大学出版社，2023.

[45] 黎文普，龚正伟."文化养老"视域下社区体育文化养老路径探

析[J].体育学刊,2014,21（04）：46-49.

[46] 陆小聪.现代体育社会学(2版)[M].上海：上海大学出版社,2020.

[47] 闫领先.体育社会学基础理论与研究方法分析[M].北京：九州出版社,2018.

[48] 柳春梅.体育社会学[M].北京：九州出版社,2020.

[49] 李洋.未来社会体育的发展趋势研究[J].才智,2014（24）：308.

[50] 王东.新时代学校体育与社会体育协调发展研究[J].哈尔滨体育学院学报,2021,39（06）：69-72.

[51] 李宁宁.全民健身背景下社会体育发展的现状及对策研究[J].文体用品与科技,2023（16）：34-36.

[52] 蔡朋龙.现代体育产业体系：内涵与构建策略[J].体育文化导刊,2023（04）：78-86.

[53] 赵微微.体育经济发展的基本条件阐述[J].中国市场,2021（30）：57-58.

[54] 张新.论现代体育"文明竞赛"的历史生成[J].成都体育学院学报,2019,45（06）：61-66.

[55] 赵海军,杨宝山,李俊伶.论现代体育的经济功能[J].当代体育科技,2018,8（12）：242-243.

[56] 高强.布迪厄体育社会学思想研究[M].北京：知识产权出版社,2014.

[57] 仇军,邹昀,冯晓露.国际体育社会学：研究热点与未来展望——基于对第54届世界体育社会学大会的分析[J].天津体育学院学报,2020,35（02）：125-132.